ウェルビーイングをデザインする

小中学生の非認知能力

自ら学ぶ意欲のプロセスモデルで育てる「自分らしく学び続ける力」

櫻井茂男［著］

図書文化

まえがき

私は発達心理学と教育心理学、特に意欲についての心理学である動機づけ心理学を専門としています。本書はおもに発達心理学の立場から「小学生から高校生くらいまでの子ども」にとって重要な非認知能力を選び、その捉え方、発達と育て方、測り方、そして認知能力や学力（学業達成）、ウェルビーイング（心身の健康と幸福）との関係、さらに教育現場での育て方等についてまとめたものです。非認知能力と認知能力との関係についても説明しています。

読者層は教師や保育者そして保護者の方々を念頭においています。ただし非認知能力に関する仮説的なモデルも登場していますので、研究者の方々にも興味をもって読んでいただけるとうれしいです。

非認知能力の研究は、従来は子どもの将来にかかわる内容が中心でしたが、私は「いまを生きる子ども」の学力やウェルビーイングに関することも大事だと考え、本書では後者を重視して非認知能力を11個に厳選しています。思っていたよりも認知能力との関係が強いことに、自分でも驚いています。具体的なことは本書をお読みください。

簡単に各章の内容を紹介します。

第1章「非認知能力とは何か」では、これまでの非認知能力の捉え方、本書で取り上げる非認知能力11個について、非認知能力が重要視される理由、子どもにとっての非認知能力の重要性等をまとめています。

第2章「認知能力と非認知能力」では、認知能力について説明したのち、非認知能力と認知能力の関係について、新たな図を用いて解説しています。

第3章「学力、ウェルビーイング、非認知能力」では、学力とウェルビーイングについて説明したのち、これら二つと、非認知能力および認知能力の四者の関係について新たな図を用いてまとめています。

第4章「自己に関する非認知能力」では、非認知能力のうち「自己に関するもの」として、「自己肯定／意欲／メタ認知／自己制御／創造性／レジリエンス」について説明しています。なおレジリエンスは第5章とも関係があります。

第5章「他者や社会とかかわる非認知能力」では、非認知能力のうち「他者や社会とかかわるもの」として、「他者信頼／共感性／コミュニケーション／協働性／道徳性」について説明しています。

第6章「小中学生の非認知能力を育てる」では、私が提案してきた学習意欲に関する「自ら学ぶ意欲のプロセスモデル」に基づいて、学校での授業・学習場面で非認知能力を育てる基本的な方法について解説しています。

非認知能力は認知能力よりも育てることが容易であるといわれます。非認知能力を育てることによって、認知能力との協働がうまく運び、結果として子ども時代の学力やウェルビーイングが高まること、さらに将来の健康と幸福にもつながることを期待しています。

目次

第5章 他者や社会とかかわる非認知能力

——利己主義や対立、孤立を超えて、「社会的で、自分らしい」生き方・成長を支える力

第6章　小中学生の非認知能力を育てる

――学びのエンゲージメントが「自ら学ぶ意欲のプロセス」の中で働き、豊かな学びを生み出す

非認知能力とは何か

本章は非認知能力という用語の解説から始まり、これまでの非認知能力の捉え方、本書で取り上げる非認知能力、さらには非認知能力が社会的に重要視されるようになった理由等について説明します。

まずは非認知能力についての一般的な知識をたのしく学んでください。

【非認知能力という用語の始まり】

非認知能力って何だろう

非認知能力（noncognitive abilities）とは、定義どおりに捉えれば、「認知能力でない能力」を指しますが、これでは大ざっぱで多くの能力を含むことになります。そもそもどのような経緯で、どのような意味の用語として生まれたのでしょうか。まず、認知能力について簡単に説明します。認知能力には、知能としてまとめられる記憶力、思考力、判断力、推理力等の知的な能力が該当します。現在、知能検査を「認知能力」検査ということが多くなりました。「知能≒認知能力」といえます。研究者によっては学力を認知能力に含める方もおられますが、私は基本的に、学力は認知能力とのちに説明する非認知能力の両方の能力を中心とした成果（学業達成）と捉えるほうがリーズナブルである（納得がいく）と考えています。

次に非認知能力という用語が誕生した経緯について説明します。実は非認知能力という用語は短い間に広く普及しました。火つけ役はノーベル経済学賞を受賞したアメリカの経済学者、ヘックマン（Heckman, J.）といわれています。彼はアメリカの公教育が学力優位の教育に偏っていることを批判し、そして子どもが将来社会的に成功し幸せに暮らすには、学力等の認知能力だけでなく、意欲や長期の計画を実行する力や人とうまく付き合う力等の「社会情動的スキル（social and emotional skills）」、言いかえれば「非認知スキル（noncognitive skills）」を伸ばすことが必要であると説きました（Heckman，２０１３）。

ヘックマンは「スキル」（技能）という用語を使いましたが、わが国では「能力」を用いることのほうが多いようです。本書でもそれに従い非認知「能力」を用いますが、心理学的な見方をすれば「能力」よりも「スキル」のほうが適しているように思われます。心理学では、「スキル」は学習によって伸ばすことができるものとして、「能力」は学習のもとになるものでそう簡単には伸ばすことができないものとして、捉えることが多いからです。

非認知能力に必要な条件とは

こうした経緯で誕生した非認知能力という用語は、ＯＥＣＤ（２０１２）や小塩（２０２１）によると次のような三つの条件を満たすものに対して用いられることが多いようです。

一つは、良い結果につながる能力であること。大人の場合には社会的な成功（子どもの場合には高い学業達成やリーダーになることなど）やウェルビーイング（well-being：英語の直訳は、「よく生きていること」であり、心理学では「心身の健康と幸福」と訳すことが多い）のようなよい結果に寄与する能力ということになります。

二つ目は、教育や訓練によって伸ばすことができる能力であること。さきに説明したように

「スキル」に近い能力ということです。自分で習得しようとして努力したり教師が教えようとして教授したりしても、なかなか習得できないような能力ではないと捉えてください。

最後の一つは、測定可能なこと。測定できないと効果が確認できません。

このような条件を満たす非認知能力として、ヘックマンはさきに示した「意欲」「長期の計画を実行する力」「人とうまく付き合う力」をあげています。さらに小塩（2021）の著書では、以下に示す七つを含め全部で15個の非認知能力が紹介されています。

・グリット（grit）：困難な目標達成への情熱と粘り強さ
・自己制御と自己コントロール（self-regulation, self-control）：目標の達成に向けて自分を律する力
・好奇心（curiosity）：新たな知識や経験を探究する力
・共感性（empathy）：他者の気持ちを共有し理解する力
・自尊感情（self-esteem）：自分を価値のある存在だと思う力
・セルフ・コンパッション（self-compassion）：自分自身を受け入れてやさしい気持ちを向ける力
・レジリエンス（resilience）：逆境をしなやかに生き延びる力

従来こうした非認知能力は測定しにくいものとされてきましたが（例：中山、2018）、現在では心理測定法の進歩によって科学的に測定できるようになっています。本書の第4章お

よび第5章で説明する非認知能力については、その測定法も簡単に紹介します。

非認知能力と認知能力の関係

以上のような非認知能力は、認知能力と独立か（まったく関係がないか）といえばそんなことはありません。非認知能力が十分に機能するにはその程度には違いがあるものの、認知能力の助けが必要です。例えば好奇心は、新たな知識を獲得したり探究したりするには思考力や判断力等の認知能力が必要で、自尊感情も、自分の価値を判断するには自己認識の能力や自分を見つめる思考力、情報処理能力等の認知能力が重要となるでしょう。

認知能力についても同様のことがいえます。どんなに高い知能をもっていても、それを十分に発揮するには、自分を律する自己制御の力が必要です。またむずかしい課題を解決するには、ときに他者と協力するための協働性やコミュニケーション力も不可欠となるでしょう。

こうした認知能力と非認知能力の関係は、第2章で詳しく説明します。

【ＯＥＣＤの捉え方――これまでの非認知能力①】

認知能力および非認知能力についてのはじめての体系的な捉え方は、経済協力開発機構（ＯＥＣＤ：Organization for Economic Co-operation and Development）が２０１５年に発表した『Skills for social progress――The power of social and emotional skills（OECD, ２０１５）』と題するレポートによって示されました。

このレポートでは、認知能力を「認知的スキル」、非認知能力を「社会情動的スキル」と命名し、それらについて図１（18頁）のように捉えました。そして後者の「社会情動的スキル（非認知能力）」については、①一貫した思考・感情・行動のパターンに発現し、②フォーマルまたはインフォーマルな学習体験によって発達を促すことができ、③個人の一生を通じて社会経済的成果に重要な影響を与える、個人の能力と定義しました。

このような非認知能力を、①目標の達成、②他者との協働、③感情のコントロールの三つに分類して説明すると、次のようにいえるでしょう。

①　目標の達成にかかわるのは、忍耐力、自己抑制、目標への情熱です。近年、長期の目標を達成する意欲として、グリットが注目されています。グリットの要素として重要なのが、忍耐力（やり抜く力・粘り強さ）と目標を達成しようとする情熱です。グリットがあれば

長期にわたる目標達成が可能となり、認知能力とともに高い達成（成功）を得ることが期待できます。

自己抑制も大事です。誰もが多くの欲求や目標をもって暮らしています。そうした欲求や目標が競合するような場合には、自分にとって価値の高い欲求や目標を選択し、そのほかの欲求や目標は抑制する必要があります。例えば「憧れの高校に入学する」という長期の目標をもって勉強をしているとき、スマートフォンでゲームをしたり動画を見たりすることがどんなに好きでも（欲求が強くても）、そ

図1 OECDによる認知的スキルと社会情動的スキルの捉え方

（OECD 2015, 中山 2018より引用）

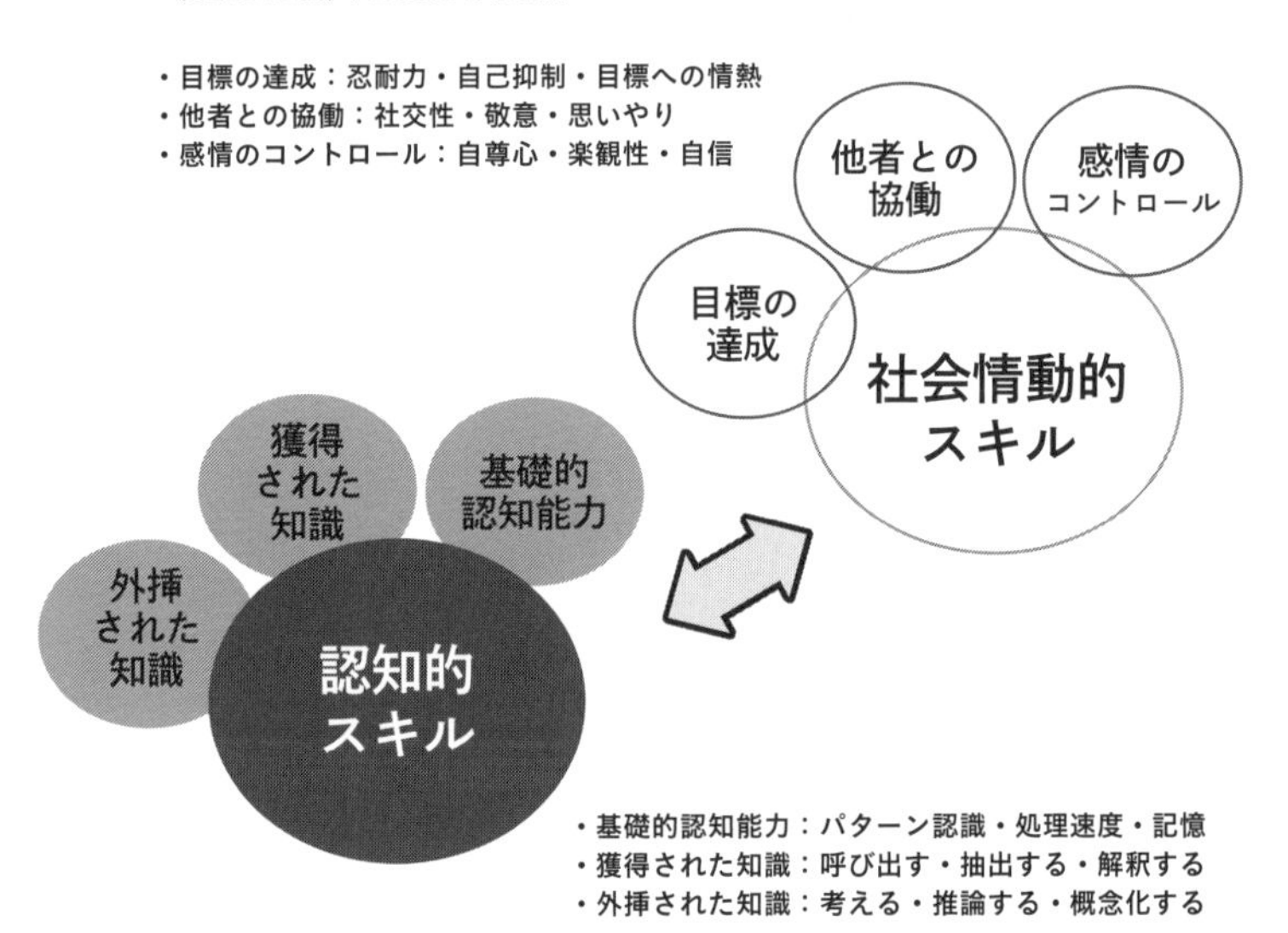

うした気持ちを適度に抑制しなければ、あこがれの高校に合格することはむずかしいでしょう。

②他者との協働にかかわるのは、社交性、敬意、思いやりです。他者と一緒に学習をしたり仕事をしたりすることは多いと思います。これからの時代は自分一人の力では解決できないようなむずかしい問題に対処することが求められ、協働する機会も増えると予想されます。そうしたときに必要になる能力が、他者とコミュニケーションがとれる社交性、他者の考えや気持ちを察して（共感して）うまくかかわれる思いやり、そして他者を信頼し尊重して付き合える敬意でしょう。

③感情のコントロールにかかわるのは、自尊心（自尊感情）、楽観性、自信です。これらは、自分の感情を平静に保つために必要な能力であり、すなわち、自尊心とは自分を価値がある存在として見ることができる能力、楽観性とはおもに自分の将来がうまく運ぶであろうと期待できる能力、そして自信とはどんなことがあっても自分は対処できると思える能力です。こうした能力を備えていれば、どんなときでも自分の感情を大きく乱すことなく、その状況に冷静に対処できると考えられます。

【文部科学省の捉え方——これまでの非認知能力②】

平成29～31年に改訂された学習指導要領では、育成すべき資質・能力として「知識及び技能」「思考力、判断力、表現力等」「学びに向かう力、人間性等」という三つの柱が掲げられました（図2）。前2者は認知能力、後者は非認知能力と関係する資質・能力といえるでしょう。いっぽうで、学習状況を分析的評価する手がかりとして、「知識・技能」「思考・判断・表現」「主体的に学習に取り組む態度」という三つの観点が設定されました。「知識・技能」と「思考・判断・表現」は認知能力に基づく学力の評価を意図した観点であり、「主体的に学習に取り組む態度」は非認知能力に基づく学力の評価を意図した観点であると思

図2 学習指導要領で育成を目指す資質・能力の三つの柱
（中央教育審議会，2016）

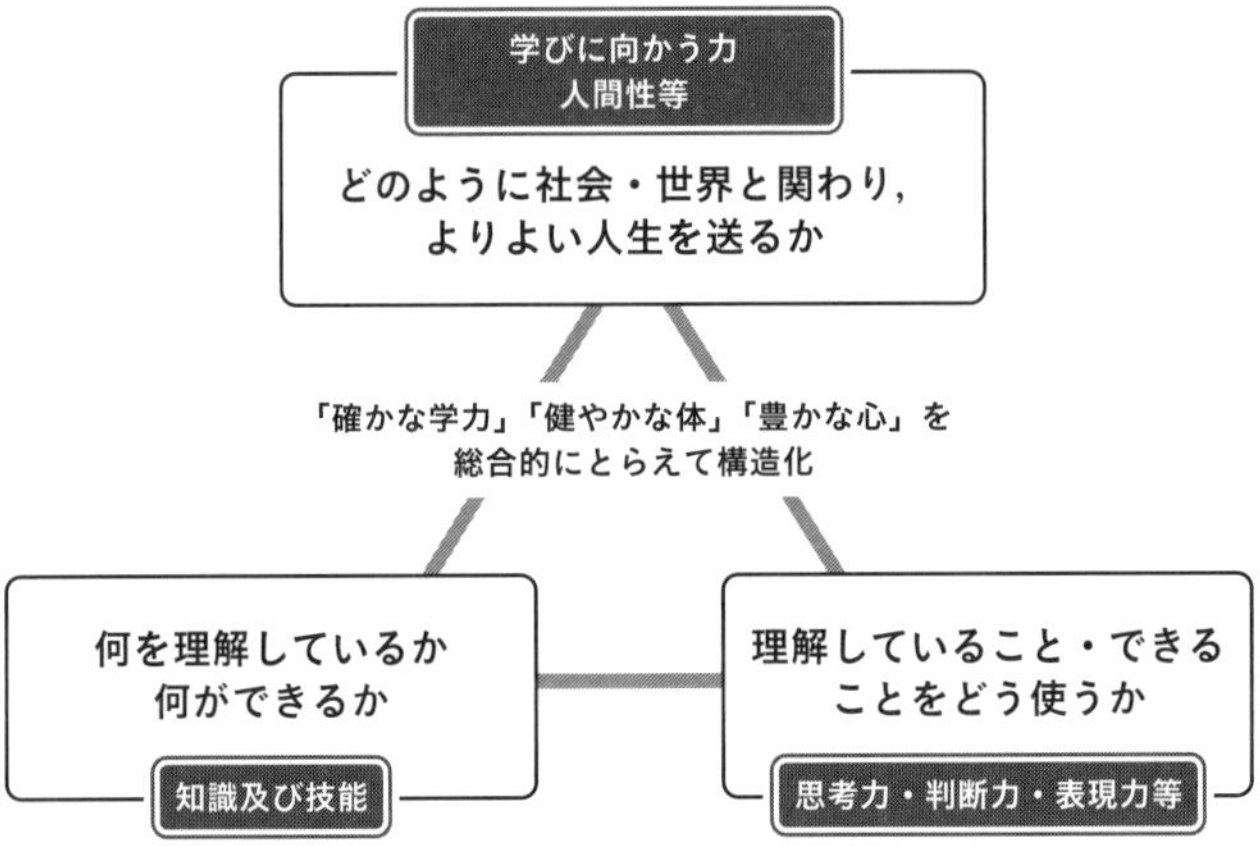

われます。学力の評価に非認知能力の側面が入っていることは、動機づけ研究者としては興味深く感じます。

なお、育成すべき資質・能力の一つである「学びに向かう力、人間性等」については、「知識及び技能」と「思考力、判断力、表現力等」を、どのような方向で働かせていくのかを決定づける重要な要素であり、次のような情意や態度等にかかわるものが含まれるとしています（中央教育審議会、２０１６）。

・主体的に学習に取り組む態度を含めた学びに向かう力
・自己の感情や行動を統制する力
・自らの思考プロセス等を客観的に捉える力等の「メタ認知」に関する力
・多様性を尊重する態度と互いの良さを生かして協働する力
・持続可能な社会づくりに向けた態度
・リーダーシップやチームワーク
・感性、やさしさや思いやり

これら具体的な内容を見るかぎり、「学びに向かう力、人間性等」という資質・能力は非認知能力そのものともいえます。

【本書における非認知能力の捉え方——小中学生の成長を支える2領域】

本書の第4章と第5章では具体的な非認知能力を取り上げ、①捉え方、②発達と育て方、③測り方の順に詳しく説明します。ここではそれらの非認知能力について概要を紹介しておきます。本書では成長期の子ども、すなわち「小学生から高校生くらいまでの子ども」にとって「重要」な非認知能力を取り上げますが「重要」とは次の二つの点を含みます。

一つは子ども時代の学業達成やウェルビーイングに寄与するという点です。「非認知能力に必要な条件」（14頁）として示したように、将来の社会的達成（成功）やウェルビーイングに寄与するという点についても配慮しました。

二つ目はこの時期の教育や訓練によって、育てることができる大切な能力であるという点です。

国立教育政策研究所（２０１７）によると、非認知能力は変容可能性と汎化可能性によって3層（表層、中層、深層）に分けられると仮定されています。表層はソーシャルスキルや規範等の変容可能性は高いが汎化可能性が低いもの、中層は自尊感情、動機づけ、自己効力感、向社会性、セルフコントロール等の変容可能性があり汎化可能性が見込めるもの、深層は気質、パーソナリティ等の変容可能性が低いものです。中層の非認知能力を育てることが特に重要であると考え、そのなかで子ども時代に特に必要なものを選びました。

こうして選んだ非認知能力が表1です。

ここからは、各非認知能力について、これまでの発達心理学の知見や非認知能力の研究成果等を踏まえて説明します。なお表1では、非認知能力を①自己に関するものと②他者や社会とかかわるもの、の二つのグループに分けています。この分け方はおもにOECD（2015）に基づいていますが、「感情のコントロール」という3番目のグループ（自尊心、楽観性、自信）は、自己に関するものでもあるため、①のグループに移しました。

表1にリストアップされた非認知能力の内容と、子どもにとっての重要性は次のとおりです。

表1　本書で取り上げる非認知能力

① 自己に関するもの	② 他者や社会とかかわるもの
a. 自己肯定	a. 他者信頼
b. 意欲	b. 共感性
c. メタ認知	c. コミュニケーション
d. 自己制御	d. 協働性
e. 創造性	e. 道徳性
f. レジリエンス	

【領域1「自己に関するもの」】

自己肯定――よりたくましく生きようとする力

自己肯定は自己受容と自己効力によって形成されます。自己受容は、子どもが安心して生きていくためのベースとなる能力です。「自分は重要な他者（養育者や教師や友達等）から愛されたり信頼されたりしているから、このままの自分で大丈夫、安心して生きていける」と思える能力です。乳幼児期に養育者との間に形成される「安定したアタッチメント（心の絆）」がもとになります。幼児期に、何かができなければ愛されないというような「条件つきの愛情」によって育てられると、うまく形成されません。

自己受容を基盤にして、「自分はこれができるから大丈夫、努力すればほとんどのことはできる」といった有能さの面（自己効力）が加わると自己肯定できるようになります。自己肯定が形成されることによって、よりたくましく生きていけます。自己肯定は幼少期から培うべき能力であり、徐々に確かな能力へと成長していきます。自己に関する非認知能力のなかでは最も基本的な能力といえるでしょう。

意欲――行動を起こし、持続させる力

意欲は、ものごとに意欲的に取り組む能力です。意欲的に取り組んだ結果から得られる、「自分もやればできる」という自己効力（効力感ともいう）も大事です。子どもが目標をもって学習に臨み成功裏に終えて有能感を得る経験が繰り返されると、効力感が醸成されます。こうしたプロセスは子どものうちに経験し、ルーチンとして身につけることが望ましいといえます。

メタ認知――自分や他者をモニタリングする力

メタ認知とは、簡単にいえば、自分の認知活動を一段高いところからモニターして、うまく運ぶように取り組み方を調整したり工夫したりする能力です。小学校高学年から中学校の段階で機能するようになります。認知能力としての側面も強いですが、「認知活動をモニターしたり、コントロールしたりする」側面を重視し、非認知能力に含めました。学習評価の観点でもある「主体的に学習に取り組む態度」にかかわる能力としても注目されています。

自己制御――自分をコントロールする力

自己制御は、自分を律する能力です。さきに説明した自己抑制もこの能力の一部といえます。すなわち大事な目標を達成するために、妨げになるような感情や欲求等を抑制（我慢）しがんばれる能力を含みます。幼児期に発達し、児童期以降に安定していきます。

創造性――新しいことを生み出す力

創造性は、メタ認知と同様に認知能力との関係が強く、新しく有意義なものを生み出す能力です。AIの時代を迎えて、AIには発揮することがむずかしいこの能力は重要といえます。もちろん、子どものうちから身につけるほうが有利です。創造性の前提には既存のものごとを論理的・客観的に考える批判的思考も含みます。

レジリエンス――失敗やストレスから立ち直る力

レジリエンスは、逆境（大きな失敗の連続や強いストレス状況等）に直面した際のショックからしなやかに立ち直る能力です。この反対は、脆弱性といいます。ネガティブな状況に対処できて元気になる力は、子ども時代から大事なものです。ストレス耐性とも関連します。また他者や社会とかかわる非認知能力でもあります。

【領域2「他者や社会とかかわるもの」】

他者信頼――信頼関係を広げていく力

他者信頼は、自己受容（自己に関する非認知能力である自己肯定の一部）と対をなす能力です。基本的には、養育者との間に形成される「安定したアタッチメント（心の絆）」によって、子どもには「自分は他者（養育者）から愛されているから大丈夫」という思い（自己受容のベース）と同時に、「他者は自分にとって信頼できる存在である」という思い（他者信頼のベース）が形成されます。他者信頼は子ども時代に多くの人たちと接するなかでさらに育まれ拡大します。他者や社会とかかわる非認知能力のなかでは最も基本的な能力といえます。

共感性――他者を思いやる力

共感性は、他者を思いやる能力です。例えば①悲しそうな相手の状態に気づき、②その相手の立場になって考える（視点取得。①と②を合わせて認知的共感という）、そして③相手の感情（悲しみ）を共有し、④かわいそうだと思う（③と④を合わせて、情動的共感という）能力であり、援助行動等の向社会的（利他的）な行動の実現にかかわります（例：櫻井、2020参照）。

子ども時代には相手の気持ちを察する視点取得の能力（多分に認知能力もかかわる）を培うことが大事です。なお視点取得の能力は、このあとで説明する「コミュニケーション」「協働性」「道徳性」という非認知能力とも関係します。

コミュニケーション——他者との交流を円滑にする力

コミュニケーションは、語義どおり他者とコミュニケーションする能力です。コミュニケーションは明らかに「スキル」という面が強いと思われます。幼少の頃に友達の輪に入るにはどうすればよいか（「私も入れて」と言えるかどうかというような場面）等の経験から、コミュニケーション能力の習得が始まります。

コミュニケーションは協働性とも密接な関係にあります。コミュニケーションができなければ、協働することはむずかしいからです。

協働性――他者と協力して課題に取り組む力

協働性は、他者と協働する能力です。より高い達成をめざすには自分一人ではなく他者とかかわり協働することが必要な場面も多く、協働性という能力は不可欠です。一人の力では解けない難問も、多くの人の力を集めれば解くことができます。正答がわからないような問題に対処しなければならないことが多い時代にはとても大事な能力であり、幼少期から育てることが求められます。

道徳性――善悪をわきまえて、正しく生きようとする力

道徳性は、簡単にいえば、善悪をわきまえて正しいことを行う能力です。どちらかといえば、悪いことをしない能力が基本となります。ピアジェ（Piaget, J.）の道徳性の発達理論は有名ですがこの理論によると、他律的な道徳判断から自律的な道徳判断へと発達・成長します。子ども時代に育てることが重要で、認知能力との関係も強いです。

【なぜ非認知能力が重視されるようになったのか】

ヘックマン（2013）の主張より

さきにも紹介したとおりヘックマンは、当時のアメリカにおける公教育が学力優位の教育に偏っていると批判しました。そして子どもが成長し社会で成功し幸せに暮らすには学力等の認知能力だけでなく、意欲や長期の計画を実行する力や人とうまく付き合う力である「社会情動的スキル」、言いかえれば「非認知スキル」（非認知能力）を伸ばすことが必要であると説き、非認知能力が重視される契機となりました。

こうした彼の主張はおもに「ペリー就学前プロジェクト（Perry Preschool Study）」研究というアメリカ・ミシガン州で1962～7年の間に行われた社会調査がもとになっています。

この調査では経済的に余裕がなく幼児教育を受けることがむずかしいアフリカ系アメリカ人の貧困世帯（58世帯）の3～4歳の子ども123名が対象でした。約半数の子ども（介入群）は、週3回、1日2時間半程度の就学前教育プログラムに2年間通い、さらに週1回は教師による90分の家庭訪問を受けました。

指導内容は年齢や能力に応じ、質の高い幼児教育が実施されました。活動は遊びが中心で自発性が大切にされ、子ども自身が考えた遊びを自由に行わせました。また集団場面では、社会的スキルの訓練にも取り組みました。

その後、就学前教育プログラムを受けた子ども（介入群）と受けなかった子ども（対象群）の追跡調査を40年間にわたり行ったところ、「前者は学歴が高く、収入が多く、持ち家率が高い」という結果が得られました。

IQの変化をみると、4～5歳のときはプログラムを受けた子どもたちのほうが高かったのですが、以降は差が縮小し、10歳では差がなくなっていました。

以上のような結果からヘックマンは、就学前教育プログラムを受けることによってIQが伸びたということよりも、IQ（認知能力）以外の粘り強さや自制心等の非認知能力が伸びたことで、「学歴が高く、大人になってからの収入が多く、持ち家率も高い」という結果（社会経済的成功）につながったものと結論しました。そして幼児期において非認知能力を育成する教育が、将来の社会的成功に有効であると主張したのです。ヘックマンは経済学者として経済学の観点から、幼児期における教育投資が有効であるとも主張しました。

ヘックマンがノーベル経済学賞を受賞したことも追い風となり、非認知能力の重要性が広く認知されるようになりました。ただし彼の主張のもとになっている「ペリー就学前プロジェクト」研究には、以下のような批判もあることも承知しておきましょう。

①　非認知能力が有効という積極的な証拠はないこと。当時は認知能力（IQ等）は測定が容易でしたが、非認知能力は測定方法が確立されていませんでした。

② 研究では貧困世帯の子どもを対象にしているため、一般的・平均的な子どもを対象にした場合にも研究結果があてはまるかどうかは定かでないこと。
③ 研究対象となった子どもの人数が少なく、統計的な検討がむずかしいこと。

ＯＥＣＤ（２０１５）の研究より

ヘックマン（２０１３）の主張を契機に、非認知能力についての研究が盛んになりました。２０１５年に発表されたＯＥＣＤのレポート（ＯＥＣＤ、２０１５）では、９か国（ベルギー、カナダ、韓国、ニュージーランド、ノルウェー、スウェーデン、スイス、イギリス、アメリカ）を対象に、認知能力および非認知能力と、そうした能力の形成過程についての縦断的な分析結果が報告されました。

例えば韓国の中学生のデータをみると、将来の認知能力の発達において、現在の認知能力の水準よりも現在の非認知能力の水準のほうが大きくプラスに影響することが明らかになりました。これは驚きの結果でした。将来の非認知能力の発達においても、現在の非認知能力の水準が影響することもわかりました。子ども（中学生）の現在の非認知能力は、その後の非認知能力の発達のみならず認知能力の発達にも影響することが明らかになったことで、非認知能力の重要性がさらに確認されたといえるでしょう。

現代的な理由より

ＶＵＣＡ（ブーカ）という言葉をご存じでしょうか。この言葉は、Volatility（変動性）、Uncertainty（不確実性）、Complexity（複雑性）、Ambiguity（曖昧性）という四つの英単語の頭文字を並べてつくられた造語です。その意味するところは、不確実性が高く将来を予測するのが困難な状況であるということです。ＶＵＣＡ時代、ＶＵＣＡワールドというような使い方をされます。

現代がＶＵＣＡ時代やＶＵＣＡ世界になってきているとすれば、現代をビビッドに生きるには非認知能力を育成することが重要です。なぜならば、予測できない急な変化に対応するには、即座の認知的判断に基づき、自律的に対処する力（非認知能力）が必要であるからです。メタ認知や自己制御も大事になります。また学びや仕事の場面では、自分の力でたりなければ他者の力も借り協働して、難問に対処する力が必要です。協働性が大事だといえるでしょう。こうしたことを想定すると、現代の子どもも大人もより洗練された非認知能力を習得する必要があり、それゆえに非認知能力は存在意義を見直されたといえます。

【子どもにとっての非認知能力の重要性】

幼児期における非認知能力が成長して大人になったときの社会的成功やウェルビーイングに強く影響するという意味で、非認知能力の重要性を主張したのは経済学者のヘックマンでした。本章の最後に、「小学生から高校生くらいの子ども」にとって非認知能力が重要であるポイントをまとめておきましょう。

第一に、高い非認知能力があれば、子どもは学校（学業や部活動等）で高い成果をあげ、幸せを感じながら生活できるということです。大人の社会的成功や幸せはそのあとに続く話であり、子ども時代には子ども時代なりに高い達成と幸福感をもたらしてくれる非認知能力を有していることが大事です。

第二に、幼児期に非認知能力をうまく培うことができない場合でも、その後うまく培うことができれば、子どもの現在あるいは将来に良い影響をもたらすということです。そして非認知能力は認知能力に比べるとリスキリングが容易です。

第三に、子ども時代（特に中学校時代）には非認知能力が認知能力の発達を促進できる可能性が高いことです。認知能力は伸びにくいとされてきましたが、認知能力が非認知能力の影響で伸びるとしたら一挙両得ではないでしょうか。非認知能力が認知能力を支える役割を担うわけです。

第四に、現在がＶＵＣＡ社会になりつつあり、いきいきと生活するには、子ども時代に非認知能力を十分に培っておくことが重要になってきているということです。非認知能力はいつでも習得しやすいといっても、早く習得することに越したことはありません。大人になったときのことを考え、早いうちに育成することが大事です。

第2章

認知能力と非認知能力

本章では認知能力の典型である知能について説明したのち、非認知能力と認知能力の関係について図を用いて解説します。特に図6（48頁）は本書における中核的な図であり、このあとも繰り返し参照していきます。

【認知能力と知能】

認知能力とは

認知能力とは、例えば記憶力、思考力、推理力等の知的な能力のことです。知能のことを認知能力ということも増えています。知能(intelligence)研究の歴史は長く、多くの研究者によって定義がなされてきました。よく知られているのは、ターマン（Terman, L.M.）による「抽象的に思考する能力」、ディアボーン(Dearborn, W.F.)による「学習する能力」、シュテルン(Stern, W.)による「環境に適応する能力」そしてウェクスラー（Wechsler, D.）による「個人を取り巻く外界を理解し処理する能力（問題解決能力）」といった定義です。いずれも有意義な定義のように思われます。

知能の構造

ここではこれ以上定義には踏み込まず、実質的な問題となる「知能の構造」について、三好・服部（２０１０）と服部（２０２１）を参考に説明します。

知能の構造について近年最も注目されている「キャッテル・ホーン・キャロル（Cattell-

Horn-Carroll）理論」は、3者の頭文字をとって「CHC理論」と称されます。この理論では知能を因子分析等の分析結果に基づき、3層構造として捉えます。

図3をご覧ください。キャロル（Carroll, J.B.）は3層構造の最上位に「一般知能（g）」を、中間層に「広範能力」を、最下層に「限定能力」をおきました。そして「広範能力」として、流動性知能／推論（Gf）、結晶性知能／知識（Gc）、視空間能力（Gv）、短期記憶（Gsm）、長期記憶（Glr）、処理速度（Gs）、反応時間／決定速度（Gt）、聴覚的処理（Ga）、量的能力（Gq）、読み書き能力（Grw）をおきました。

最新の知能検査は「広範能力」を測定対象にして開発がなされたり、参照枠として検査結果が解釈されたりすることが多くなっています。「広範能力」についてはあとに説明します。

図3 CHC理論の階層モデル（服部 2021 を修正）

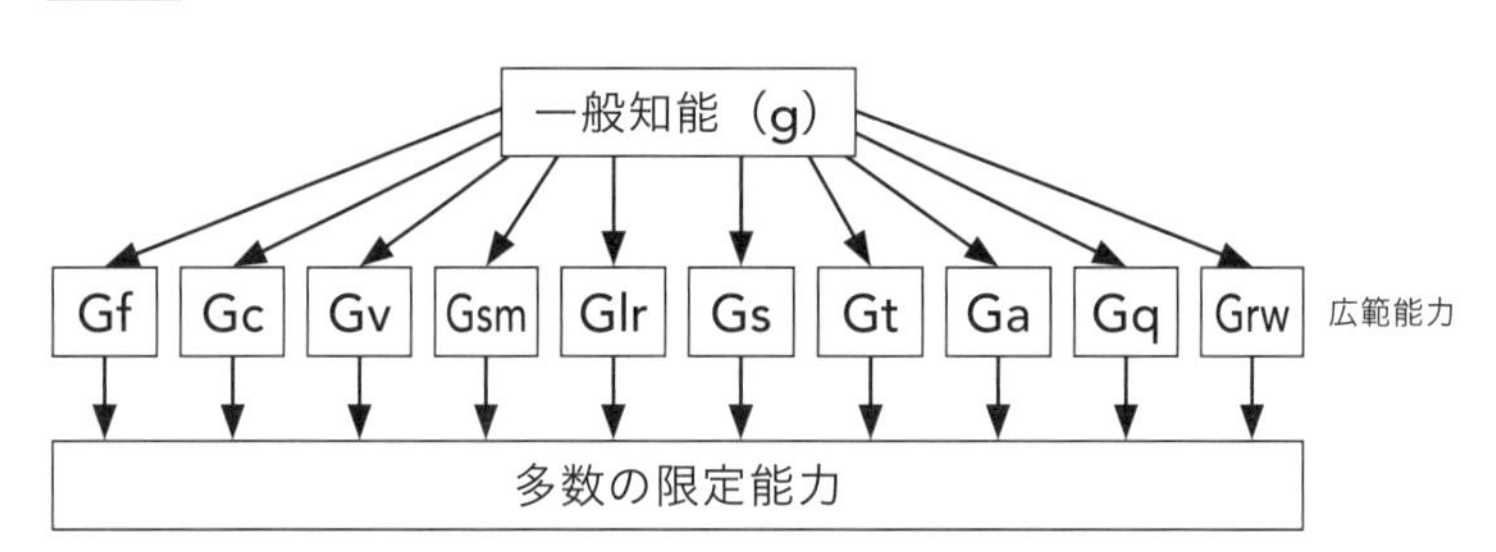

【知能検査が測っている力】

CHC 理論に基づく最近の知能検査

知能検査には、集団式知能検査と個別式知能検査があります。集団式知能検査は集団（クラス成員等）を対象に、検査者が問題用紙を配付し、各問題に制限時間を設けていっせいに実施するものです。実施要領を守ることで比較的容易に実施できます。いっぽう個別式知能検査は、検査者が個別の被験者に対して実施する検査です。被験者の回答に応じて次の問題を選択したり、正答が一つとは限らない問題に対応したりするため、検査者は事前に検査に習熟しておくこと（トレーニングを受けておくこと）が求められます。一般的に個別式知能検査は、集団式知能検査を実施したあとで、その結果を精査する必要がある場合に実施することが多いです。

CHC 理論に基づく知能検査は新しく、集団式知能検査は「教研式認知能力検査 NINO」（子ども用：株式会社図書文化社発行）が、個別式知能検査は「日本版 KABC-Ⅱ」（丸善出版株式会社発行）がよく知られています。ここでは子ども用の検査である NINO で測定される知能、具体的には CHC 理論に基づく「広範能力」について説明します。なお、NINO では、学習と深く関係する「広範能力」を五つ選び測定しています。

① 記憶力：覚えたり思い出したりする力で、短期記憶（Gsm）に相当します。

②　言語能力：語彙の力や文を構成する力で、読み書き能力（Grw）に相当します。
③　数的能力：計算や算数・数学の文章題を解く力で、量的能力（Gq）に相当します。
④　処理速度：問題を早く正確に解く力で、処理速度（Gs）に相当します。
⑤　思考力：推理を働かせて問題を解決する力です。ただしＮＩＮＯで測定しているのは、これまでの集団式知能検査のように、比較的容易な問題を短時間で正確に解く力というよりも、既有の知識を用いて問題解決を図る力というイメージです。個々の問題に正解するには高度な思考が必要となるため、流動性知能／推論（Gf）に相当します。

「学力＝知能」ではない

ＮＩＮＯを用いた研究（服部、２０２１）によると、学力と知能の相関係数は０・７～０・８程度でした。学力には知能以外にも、学習意欲、学習方法、パーソナリティ、学校や家庭の学習環境、保護者の学習支援、クラスの仲間関係等が影響していると考えられています。例えば学習意欲や学習方法といった要因は、明らかに非認知能力に属します。

知能検査の実際

知能は知能検査（認知能力検査）によって測定します。標準化された検査の問題は掲載できないため典型的な例題を作成しました（図4、44～45頁参照）。参考にしてください。なおCHC理論に基づいて開発された新しい知能検査としては、すでに紹介したNINOやKABC-Ⅱがあります。

3　思考に関連する問題

例 1（数列）　次のような数の並びがあります。□に入る数を答えなさい。

1　2　4　7　11　□

例 2（図系列）　四つの図形が並んでいます。このような順に並んでいるとき，5 番目には，どのような図形がくるでしょうか。ア～エから一つ選びなさい。

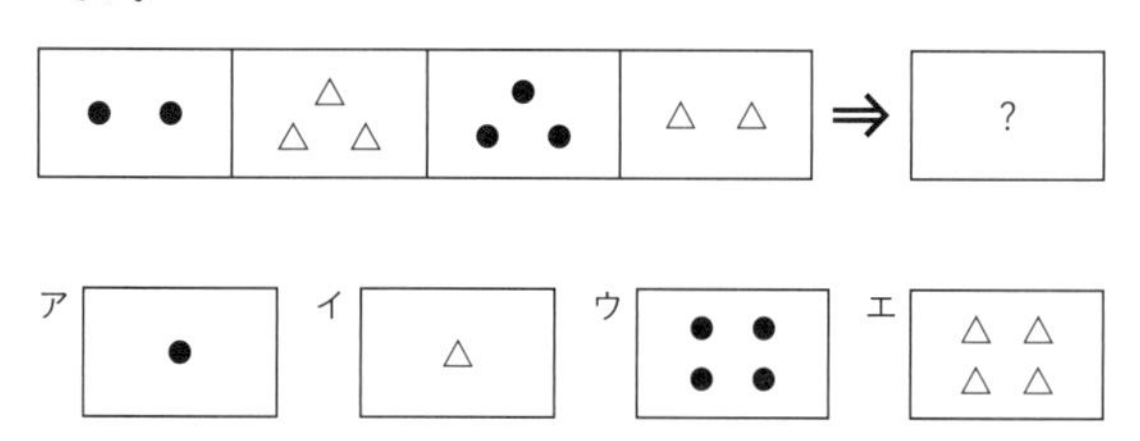

例 3（論理）　佐藤さん，黒木さん，山本さんの 3 人の生徒がいます。3 人の身長について次のようなことがわかっています。

- 佐藤さんは黒木さんよりも背が高い。
- 山本さんは佐藤さんより背が低い。
- 黒木さんは山本さんより背が低い。

この情報をもとに，3 人の生徒を背の低い順に並べなさい。

図４ 知能検査の実際（例題）

１　記憶に関連する問題

・ある程度まとまった文章を読み上げます。その際，メモをとらずに内容をよく聞いて，記憶します。読み上げが終了したら，いくつかの問題に答えます。
・口頭で伝えられた数字を記憶して，再生します。

２　言語能力に関連する問題

・語と語の関係や，対義語（反対語）などを問います。

例１　「教科と算数」の関係と同じようになるように，（　　）にあてはまる語を次のア～エから一つ選びなさい。

「教科　と　算数」　→　季節　と　（　　）

ア　雨　　イ　夏　　ウ　風　　エ　南

例２　「朝日」と反対の意味となるものをア～エから一つ選びなさい。

ア　太陽　　イ　夕日　　ウ　昼間　　エ　夜間

［２～３の問題の正答

２　例１　イ　　例２　イ
３　例１　16　　例２　ウ
　　例３　黒木さん，山本さん，佐藤さん］

【知能の発達的側面】

年齢や人生経験とのかかわり

CHC理論への最初の貢献者となったキャッテル（Cattell, R.B.）は当初、一般知能を流動性知能と結晶性知能に分類しました。流動性知能（flued-intelligence）とは情報処理に関する知能であり、ものごとを早く正確に処理する力です。いっぽう結晶性知能（crystallized-intelligence）とは経験の積み重ねによって獲得される知能であり、語彙力や社会的知能を含みます。社会的知能とは社会的な場面で働く知能であり、例えば狭い道でたむろして話をしている人たちは、一般には通行の妨害となっていることを考えていない人たちであり、社会的知能が低いといえます。

図5に示したように、流動性知能は25歳くらい

図5　流動性知能と結晶性知能の発達的変化

（Baltes1987を修正：鈴木2023より）

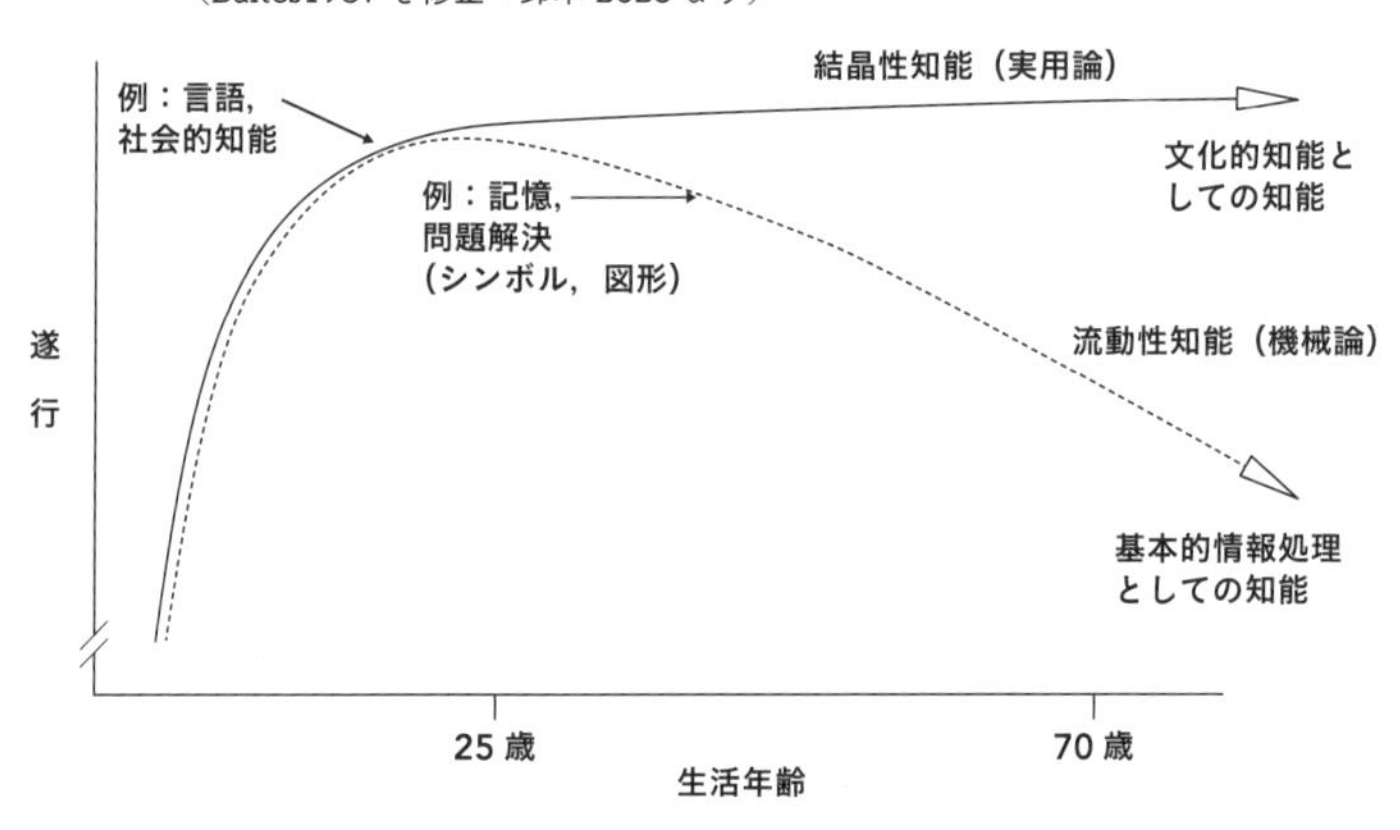

をピークにしてその後は低下しますが、結晶性知能は25歳くらいまで発達しつづけ、その後もほとんど低下せず、人によっては高まることもあります。流動性知能は情報処理に関する記憶力や問題解決力が中心となり、比較的若い頃によく働く知能といえるでしょう。いっぽう結晶性知能は経験の積み重ねによってうまく働くようになる語彙力や社会的知能が中心となり、高齢になっても持続できる、あるいは人によってはやや高まる知能といえます。いわゆる英知や知恵に相当します。

【子どもにおける認知能力と非認知能力の関係】

非認知能力を「生きる力」「知能」と関係づけながら、二つの領域で捉える

第1章では、子どもにとって重要と考えられる非認知能力を11個に厳選し紹介しました。この11個の非認知能力の関係、そして非認知能力と認知能力の関係を図示したものが図6（48頁）です。筆者の試案で、現時点では最善のものと考えています。

まず図6に基づいて非認知能力の間の関係について説明します。非認知能力は左側の「自己に関する領域」と右側の「他者や社会とかかわる領域」に大別されます。どちらにも強く関係す

る能力として「レジリエンス」を位置づけています。逆境にしなやかに対処するこの力は、自分に対しても、そして他者や社会とかかわる際にも必要になります。11個の非認知能力のなかでは、これのみがネガティブな状況に対処し跳ね返す力です。

ボトムにある自己に関する能力「自己肯定」と他者や社会とかかわる能力「他者信頼」は、それぞれの領域で「生きる力のベース」となるものです。子どもがいきいきと生活するためには、いずれの領域でもこの土台が必要です。自分を肯定し他者を信頼できることで、子どもは家庭や学校、地域社会のなかで、たくましく生きていけます。いざというときには信頼する他者に助

図6 子どもにおける認知能力と非認知能力の関係

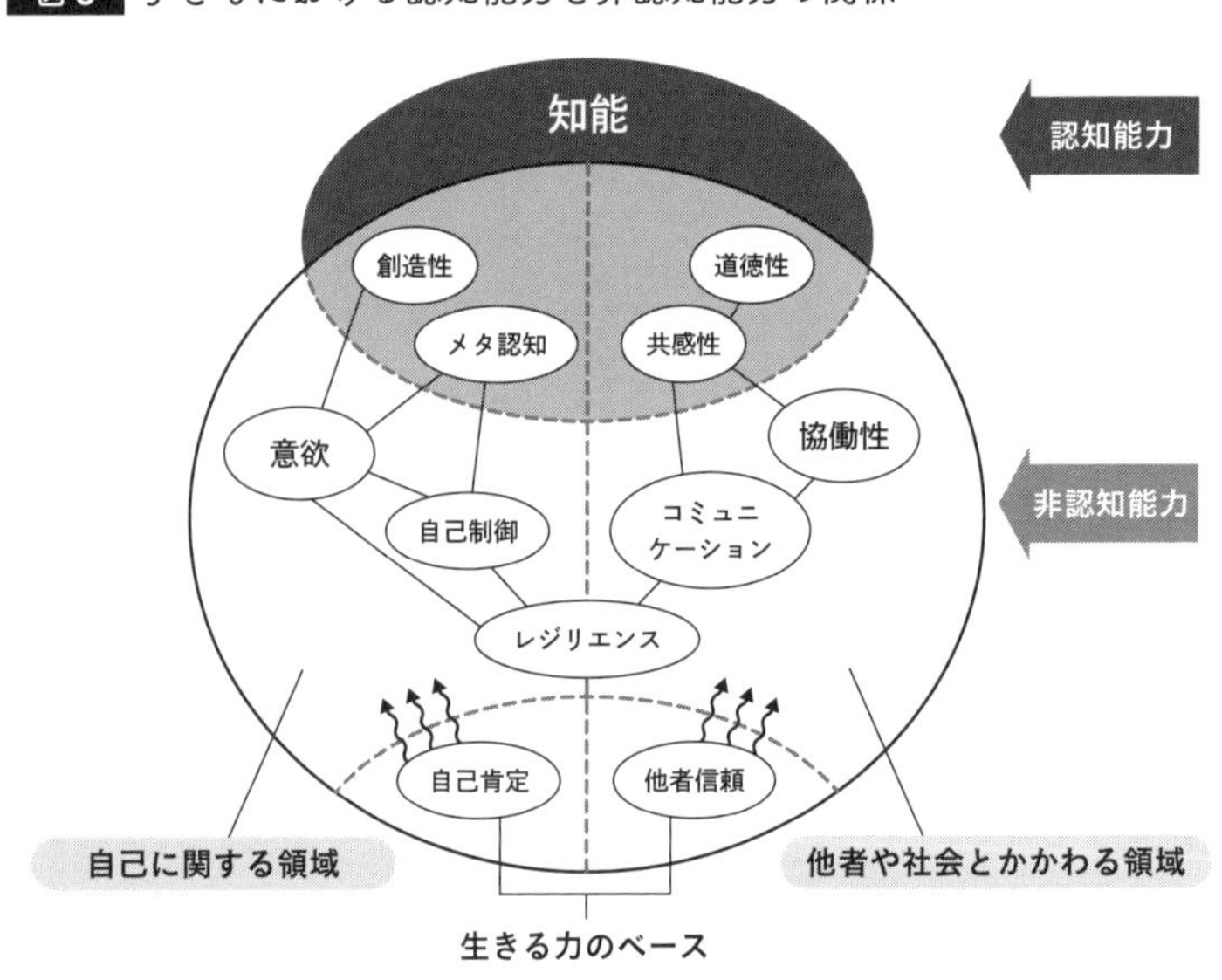

けを求めることもできるでしょう。

自己に関する領域には「意欲」「自己制御」「メタ認知」「創造性」が入ります。これらは、強弱はありますが相互に関係をもちながら機能します。線で結ばれている能力同士は強い関係があることを示します。子どもの学習に関していえば「意欲」を中心に、「メタ認知」「創造性」「自己制御」が強く結ばれます。ネガティブな状況には「レジリエンス」が働きます。「自己制御」は自己をコントロールする力であり、学習に限らず（おそらく他者や社会とかかわる際にも）重要な役割を果たします。

いっぽう他者や社会とかかわる領域には「共感性」「協働性」「コミュニケーション」「道徳性」が入ります。相互に関係をもちながら機能しており、子どもが良好な人間関係を構築し拡大していくにはすべての力が必要です。学習場面に関しては、特に「コミュニケーション」と「協働性」が強く働くでしょう。「共感性」は助け合える、「道徳性」は正義に基づく教室環境の形成に寄与し、安心して学べる居心地の良い教室を実現します。

なお第6章で詳しく説明しますが、学習意欲の典型である「自ら学ぶ意欲」に基づく学習過程では、図6で取り上げられている非認知能力のほとんどが関係します。つまり「自ら学ぶ意欲」がうまく発揮できるように指導・支援すれば、子どもの非認知能力も伸びることが期待できるため、子どもにとって、「意欲」はとても大事な非認知能力といえるでしょう。

認知能力と非認知能力が協働して発達できるかが、これからの教育の鍵

次に図6（48頁）に基づいて、認知能力と非認知能力の関係について説明します。認知能力としては「知能」が典型的で、ほかに「メタ認知」「創造性」「道徳性」「共感性」といった非認知能力も認知能力と関係が強い力として位置づけています。「メタ認知」は「認知の認知」といわれるように認知機能を基礎としていますので、当然認知能力との関係は強いといえます。まず認知能力が発達して、次に「メタ認知」が発達するという順序です。自分のことを客観的に理解できるようにならないと「メタ認知」はうまく働きません。「創造性」は要素として創造的（拡散的）思考や批判的思考を含みますので、認知能力との関係は強いといえます。「道徳性」は、特に正邪の判断能力の点で認知能力との関係が強いといえるでしょう。さらに「共感性」は、その一部に視点取得の能力を含むため、これも認知能力との関係が強いといえます。

ここでひとこと。本書ではおもに非認知能力の重要性を説明していますが、私は学業達成や大人になってからの社会的・経済的な成功（おもに仕事での成功）、あるいはウェルビーイングにとって、認知能力の重要性は、非認知能力のそれと同程度あるいはそれ以上かもしれないと考えています。大事なことは、両能力が協働して働き、それぞれの能力を十分に発揮できることであると思います。

コラム❶

教研式 認知能力検査ＮＩＮＯ 小学校用・中学校用・高校用

ＮＩＮＯについて

教研式認知能力検査ＮＩＮＯは、学力との関係が深い五つの認知能力を測定することで、授業の改善や、児童・生徒の学習の改善に役立てることができる検査です。学力を「学びとった力」とすれば、認知能力はそれに対して「学びとる力」ということができます。その力の水準やバランスなどを把握することで、個人や集団にとってのより良い学びを考えるヒントが得られます。また、「学習に向かう力」を測定する質問項目も用意してありますので、認知能力と合わせて、児童・生徒の学習への取り組み方についても知ることができます。

実施対象

小学校2年生から6年生、中学校は1年生から3年生まで学年別に検査用紙が準備されています。なお、高校生用は共通版となっています。

NｰNOの結果の活用

診断資料は、学級集団のようすを把握する資料と、個々の児童・生徒のようすを把握するための資料があります。

■学級集団のようす

学級全体の傾向を大きく捉えるための資料です。まずはこの表で、学級全体の認知能力の状態を把握します。

図7は、五つの認知能力の測定結果を、レーダーチャート化したものです。このプロフィールから学級の各種の認知能力のバランスをみることできます。これをみて、得意な能力は生かし、課題のある能力は意識して補い、または伸ばすということを考えます。

図7　認知能力プロフィール（診断資料より一部抜粋）

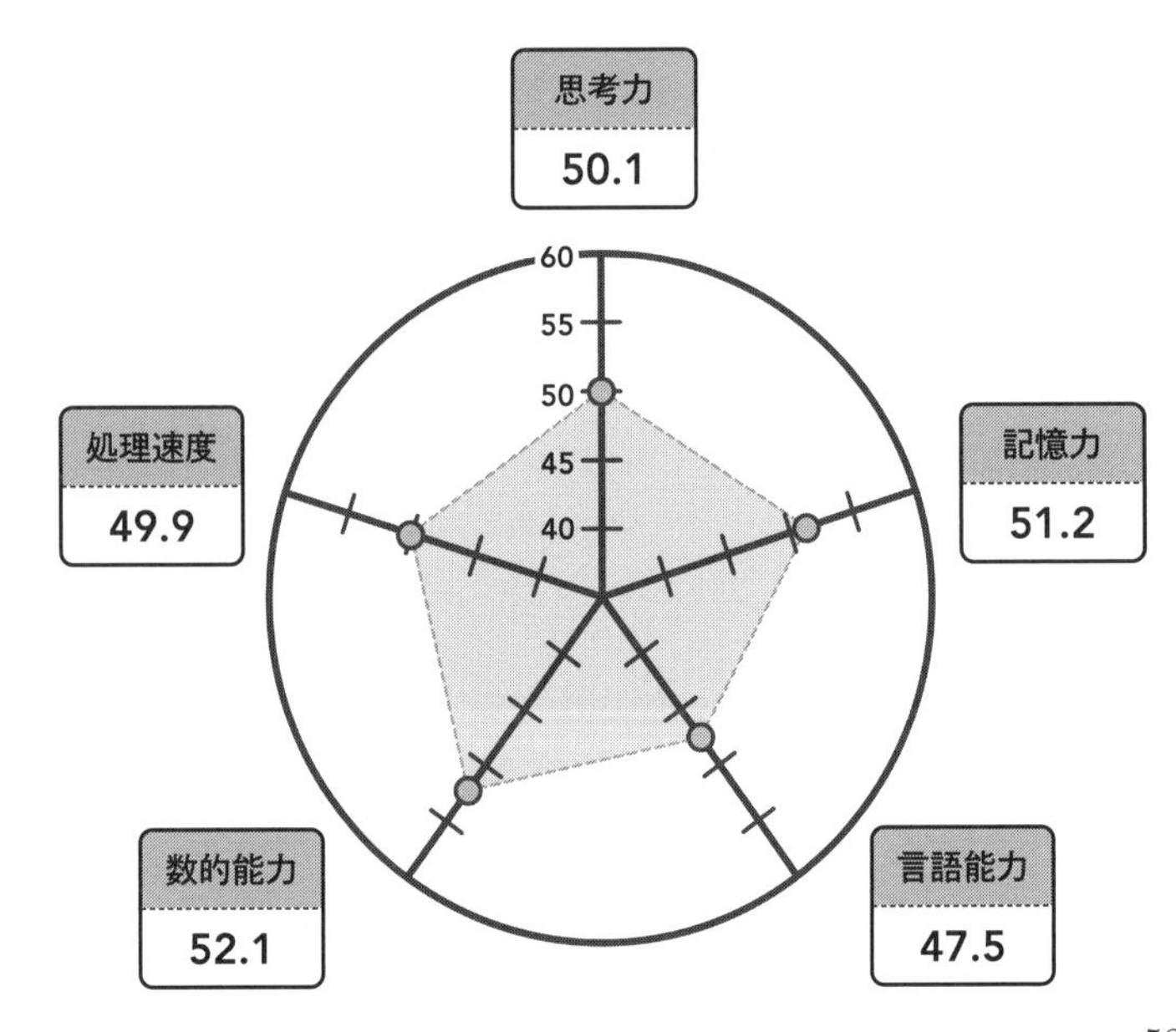

■個人のようす

児童・生徒一人一人について詳しくみるための資料が用意されています。その1例として「数的能力のつまずき」を紹介します。

算数・数学の学年別のつまずきの状況がわかります。当該学年の問題が半分以上解けていない場合に、名前が打ち出されます。図8の例は、中学2年生の結果ですが、8工藤さん、33堀江さんは小4の学習内容でつまずきがみられることがわかります。

■その他

児童・生徒用に返却する個人票も用意されています。

図8 数的能力のつまずき（診断資料より一部抜粋）

中1
正の数・負の数，文字を用いた式
＊26 杉田
＊32 藤川

小6
分数の乗法・除法
3 市川
10 酒井
15 松井
＊23 金田
＊35 安井

小5
分数の加法・減法，小数の乗法・除法
4 岩崎
12 野口
14 藤井
17 村上

商が2桁の除法，四則混合計算など
8 工藤
＊33 堀江

第3章

学力、ウェルビーイング、非認知能力

本章では学力（学業達成）とウェルビーイングについて説明したのち、この二つとともに、非認知能力および認知能力の4者の関係図を用いて説明します。ウェルビーイングにはいくつかの重要な要因が関係していますので、総合的に捉えることが大事です。

【なぜ「学力＝認知能力（知能）」ではないのか】

そもそも学力をどう捉えるか

学力を「学業を達成した結果」と捉えれば、学力とは「認知能力（知能）や非認知能力がもたらす成果」といえるでしょう。認知能力（知能）を「学びとる力」と定義すれば、学力とは「学びとった力」といえます（黒沢、２０２０）。ただし、「学力の一部を認知能力として位置づけること」を可能とする考え方もあります。例えば小学5年生の時点では小学4年生までの学力をもとに学習が展開されますので、それを認知能力として位置づけることができると考えられます。この考え方も一理ありますので、ご紹介しておきます。

学校で育つ学力と認知能力、非認知能力

平成29年から31年に改訂された学習指導要領によると、学力を評価する三つの観点、正確には観点別学習状況評価における三つの観点も改訂されました。それらは「知識・技能」「思考・判断・表現」「主体的に学習に取り組む態度」（国立教育施策研究所教育課程研究センター、２０１９）です。前二者は、認知能力の影響が強い学力を評価する観点であり、後者はもちろん非認知能

力の影響が強い学力、あるいは非認知能力そのものを評価する観点ともいえるでしょう。

これらのうち「知識・技能」は、各教科等における学習の過程を通して習得された知識および技能、ならびにそれらを既有の知識および技能と関連づけたり活用したりするなかで、ほかの学習や生活の場面でも活用できる程度に理解された概念や習得された技能を評価する観点です。

「思考・判断・表現」は、各教科等の知識および技能を活用して課題を解決する等のために必要な思考力・判断力・表現力を評価する観点です。

「主体的に学習に取り組む態度」とは、知識および技能を獲得したり、思考力・判断力・表現力等を身につけたりするために、自らの学習状況を把握し、学習の進め方について試行錯誤する等、自らの学習を調整しながら学ぼうとする態度を評価する観点です。

学力調査、学力検査

文部科学省は毎年、小学6年生と中学3年生を対象に全国学力調査を行っていますが、これは学力調査の典型といえます。

学習指導要領に基づいた学力を測定する標準学力検査としてわが国で最も多く実施されているのは、教研式標準学力検査NRT（以下、NRT）と、同CRT（以下、CRT）のようです。両者は学力を評価する方法に違いがあります。前者は集団に準拠した評価（いわゆる相対評価）

が採用され、後者は目標に準拠した評価（いわゆる絶対評価）が採用されています。ＣＲＴでは「主体的に学習に取り組む態度」を子どもへの質問項目によって測定する工夫がなされています。詳しくは宮本（２０２１）等をご参照ください。

すでに標準化された学力検査としてＮＲＴやＣＲＴを紹介しましたが、そのほかにも多様な検査が刊行されています。教師が作成して単元ごとや学年ごとに実施するいわゆる「テスト」や「試験」も学力検査の一部であり、これらの積み重ねによって学力を評価することも多いです。

【子どもにとってのウェルビーイング】

ウェルビーイング（well-being）とは、英語表現に従えば「よく生きている状態」のことを指します。現在、ウェルビーイングは英語の片仮名書きで示されることが多くなりましたが、日本語に訳す場合は「心身の健康」や「幸福」、あるいはこの二つを一緒にして「心身の健康と幸福」とされます。子どものことを中心に考えてウェルビーイングを具体的に捉えるには「心身の健康」のほかに、おそらく「幸福」との関係で人間関係や経済面が良好であること、すなわち「親子関係や仲間・友人関係が良好」で、「おもに家庭が経済的に豊かであること、あるいは困窮していないこと」が重要になると思われます。これらは一つにまとめると「生活満足度」という指標で測定することが可能でしょう。大人と同じように「生きがい」をもって生きていることも大事です。小学校高学年くらいからは将来の目標をもつようになりますが、これが「生きがい」と関係するでしょう。

主観的ウェルビーイング（幸福感）を測定する項目（伊藤ら、２００３）を参考に質問項目を考えてみました。
・いまは幸せだと思います。
・いまの生活に満足しています。
・からだの調子は良いと思います。
・こころの調子は良いと思います。
・いきいきと生活しています。
・将来の目標をもっています（生きがいを感じることがあります）。
・楽しく学校に通っています。
・家での生活は楽しいです。

【子どもの学力やウェルビーイングはどのように高まるのか】

認知能力と非認知能力の協働がポイント

これまで認知能力と非認知能力、それらが影響をもたらすとされる学力（学業達成）やウェルビーイングについて説明をしました。それでは、こうした非認知能力や認知能力は、どのように子どもの学力（学業達成）やウェルビーイングに寄与するのでしょうか。

答えはシンプルで、すでに紹介したとおり「協働して寄与する」ということです。例えばどんなに認知能力が優れていても、意欲が働かなかったり協働ができなかったりすれば、優れた学業成績にはつながらないことが多いでしょう。どんなに好奇心（非認知能力である意欲の源の一つ）が旺盛でも、新たな知識を獲得したり探究したりする記憶力や思考力がなければ、優れた学業成績や「学ぶ面白さや楽しさ」（ウェルビーイングの一部）にはつながらないと考えられます。どんなにすばらしい認知能力をもっていても、ときには課題の処理に苦慮したり、失敗が続きうつ状態になったりすることもあるでしょう。そんなときにはレジリエンスが常態復帰に大きな力を発揮します。

学業達成やウェルビーイングはどのようにもたらされるのか

最後に図9（63頁）をご覧ください。子どもの認知能力と非認知能力を中心にして、どのようなプロセスで学業達成やウェルビーイングにいたるのか、その過程をまとめた図です。このような図にすると全体像がわかりやすいと考え、作成しました。図6（48頁）も参照しながらお読みください。

子どもがもっている認知能力と非認知能力は協働して「学習活動」を生み出します。さらに詳しくみると、この学習活動には、①おもに他者や社会とかかわる非認知能力によって生まれた良好な「対人関係」、②認知能力と非認知能力からある程度の影響を受けて生じた「心身の健康」、③「家庭の経済状況」、④「情報に関する環境」が影響すると考えています。

家庭の経済状況は突如登場した要因ですが、子どもが安心して学習活動を行うには必要な要因ではないでしょうか。情報に関する環境も突然登場しましたが、これは学習や生活に必要な情報が入手できる環境のことであり、情報機器があるとか、情報や情報技術に関する知識が習得できるといった現代に生きる子どもにとっては特に重要な環境といえます。学習活動がうまく進むことによって、高い学業達成が得られ、得られた学業達成とさきの①②③④の要因の影響によって、もちろんその程度に強弱はありますが、ウェルビーイング特に主観的なウェルビーイングである幸福感がもたらされると考えます。

図9
子どもの認知能力，非認知能力，学業達成，ウェルビーイングの関係

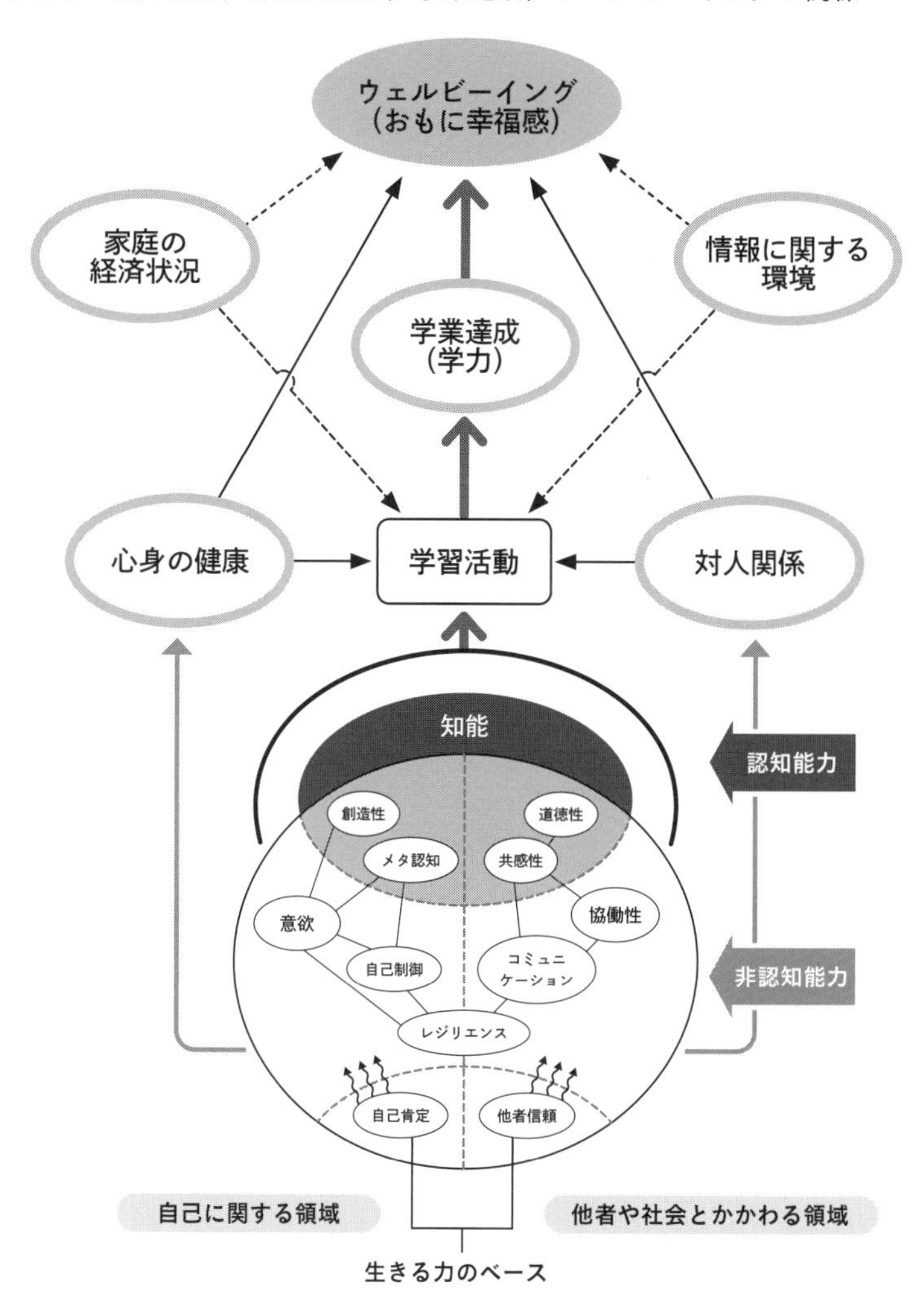

より高い成果は、認知能力と非認知能力のさらなる協働によってもたらされる

なお図9（63頁）は煩雑さを避けるため、認知能力と非認知能力からウェルビーイング（おもに幸福感）に至るプロセスを中心に作成しました。実際には学業達成（学力）から認知能力や非認知能力へ、さらにウェルビーイング（幸福感）から認知能力や非認知能力へのフィードバックがあります。すなわち学業達成で成功すれば、認知能力と非認知能力にフィードバックされ、両能力を高めよりうまく協働するように働きます。またウェルビーイング（幸福感）が高まれば、認知能力や非認知能力へフィードバックされ、同じように両能力を高めさらにうまく協働するように働きます。

合点していただけましたでしょうか。ウェルビーイングに達するまでの流れを可視化することで、認知能力と非認知能力の重要性が再認識されると同時に、心身の健康や対人関係さらには家庭の経済状況、情報に関する環境も大事であることがわかると思います。また図9にはありませんでしたが、学業達成やウェルビーイングからのフィードバックによって、認知能力や非認知能力が高まりさらにうまく協働することで、より高い学業達成に向けて歩み続けることが期待できます。子どもの幸せのためには、親も教師も教育行政も、図9に示されたような要因に十分配慮することが大事ではないでしょうか。

第4章

自己に関する非認知能力

――完璧主義や無気力、劣等感を超えて、「前向きで、しなやかな」生き方・成長を支える力

子どもにとって重要な非認知能力のうち、本章では「自己に関するもの」を六つ取り上げます。第1章の表1（23頁）に示したとおり、「自己肯定」「意欲」「メタ認知」「自己制御」「創造性」「レジリエンス」（「他者や社会とかかわる非認知能力」でもある）です。

ここでの説明は①捉え方、②発達と育て方、③測り方の順で行います。①捉え方では、おもに用語の定義について説明します。②発達と育て方では、発達の様相について概説し、親や教師による育て方のポイントをまとめます。③測り方では、子ども自身が回答する質問項目を紹介します。内容を理解すれば親や教師が子どもの様子を観察する場合にも使えます。さらに、「標準化」された検査についても適宜取り上げます。「標準化」とは、検査に関して厳密な規格を設定することです。市販されている心理検査のほとんどは「標準化」されています。

自己肯定　――よりたくましく生きようとする力

捉え方

自己肯定（self-esteem）は、自己受容（self-acceptance）を基盤とし、自己効力（self-efficacy）が形成されることで誕生する力と捉えられます。自己受容とは、子どもが安心して生きていくためにベースとなる力です。「自分は重要な他者（養育者や教師や友達等）から愛されたり信頼されたりしているから、こうした自分で大丈夫、いまの自分でいい、このまま安心して生きていける」と思える力です。別の表現をするなら、重要な他者から受容されていると思えること（他者からの被受容感）によって生まれる力ともいえるでしょう。成長するに伴い、好きな自分は当然ですが、きらいな自分でもこれでいい、と受容できるようになります。

こうした自己受容を基盤にして、自分はこれができる、自分はやればできる、自分は他者から評価されている、と有能さの面で形成される自己効力がプラスされることで自己を肯定できる力が生まれます。これが自己肯定です。別の表現をするならば、やればできるということで「自分には価値がある」と思える力ともいえるでしょう。「自己受容＋自己効力→自己肯定」という関係です。自己肯定が形成されることによって、よりたくましく生きることができます。

発達と育て方

■自己受容について

自己受容は、乳幼児期に養育者との間に形成される「安定したアタッチメント（心の絆）」がもとになります。それゆえ乳幼児期におけるあたたかい養育行動がとても大事です。子どもには「自分は重要な他者（養育者や保育者、教師等）から愛されたり信頼されたりしているから大丈夫、安心して生きていける」というような感覚が生まれます。その後、児童期には信頼できる他者（養育者や教師、友達等）との良好な関係を継続することで自己受容は確固としたものになります。もし乳幼児期に、養育者から愛される経験をしてこなかったがために自己受容がむずかしい場合には、児童期以降でも、養育者に代わる重要な他者（親戚の人や保育者、教師等）から愛される経験をすれば自己受容は培うことができます。心配する必要はありません。

なお幼児期の後期（3歳くらい）から、「何かができれば愛される、でも何かができなければ愛されない」というような「条件つきの愛情」によって育てられると自己受容は揺らぎます。例えば子どもに何らかの問題を解かせるような場合に、「Aちゃんは賢いからこの問題は簡単に解けるわよね。ママはこの問題が解けるAちゃんが大好きよ」と言葉がけをすると、「問題が解けなければ自分は母親には愛されない」という思いが子どもの心に刷り込まれてしまいます。無条件の愛情こそが子どもの自己受容を支えます。自己受容を培うためには、重要な他者から無条件で愛される経験が必要です。

■自己効力／自己肯定について

自己受容を基礎として「自分はこれができる、自分はやればできる」という自己効力が醸成されることによって、自分を客観的に肯定できる自己肯定が生まれるようになります。

幼児期の初期（2、3歳）には、自分は何でもできる、あるいはなんでもできるようになる、という「万能感」のようなものがみられます。これは一過性のものですが、なにごとにも挑戦できる力を子どもに与えてくれます。この力があることで、失敗が続いてもへこたれずにがんばれます。長い人生のなかでは無気力にならないすばらしい時期です。

しかし幼児期の後期（3歳くらい）から徐々に、自分の力でできたこと・できないことが自覚されるようになり、何かができたことによって地に足が着いた有能感（自信）が形成されるようになります。それが積み重ねられることによって自己効力が生まれます。上手にできたときはしっかりほめてあげるとよいでしょう。重要な他者からの承認は大きな励みになります。

ただし小学校高学年になると、この自己肯定（そのうちの特に自己効力）は揺らぎ始めます。一つは幼い頃に比べて学校での課題がむずかしくなり成功する機会が少なくなること、二つ目には成長とともに思考力が発達して、自分を見つめる目が厳しくなること、によります。時間の経過とともにこうした事情が理解でき、さらに誰にも得意なものと苦手なものがあり、得意なもの・興味があるもので一生懸命がんばればよく、不得意なものは少しずつできるようになればよい、と考えられるようになれば、自己肯定は回復し揺らぎは収まります。なかには、すべてのことで自分が有能で価値があると思えないと我慢ができない、という完璧主義(櫻井、2019)の子どももいますが、基本的には自分の得意な分野で「自分はできる」と思えれば大丈夫です。完璧主義の子どももその多くは、やがてオールマイティでないことを自覚し受け入れられるようになります。そうしないと生きていけません。

自己肯定(特にそのなかでも自己効力)は、自分の将来をポジティブに捉えることができる「楽観性(optimism)」や、逆境にしなやかに対処できる「レジリエンス(resilience)」といった非認知能力(小塩、2021)にも影響する大事な力です。自己肯定を培ううえで大切なことは、子どもができたことをほめてあげること、小学校高学年からは誰でも得意・不得意があり、得意なことでがんばり良い点が取れればよいことを受け入れられるように支援することです。自己肯定は幼少期から徐々に培う力であり、自己に関する非認知能力のなかでは最も基礎的な力となります。

測り方

自己受容と自己効力と自己肯定は次のような質問項目(子ども用)によって測定することができます。小学校高学年以降であれば「はい」「どちらかといえばはい」「どちらかといえばいいえ」「いいえ」といった四つ程度の選択肢を設けて尋ねてみるとよいでしょう。必要であれば、得点化（例えば「はい」から「いいえ」へ、3、2、1、0点と点を与える）も可能です。次に登場する「逆転項目」とは反対の内容を示して回答してもらう項目です。得点化は普通の項目とは反対になります。

「おもに自己受容」
- いまの自分が好きです。
- 欠点はあっても自分が好きです。
- いまの自分は嫌いです（逆転項目）。

「おもに自己効力」
- 粘り強くがんばるほうです。
- 自分はなにごとにも挑戦することが楽しいです。
- 自分はどんなに努力をしても、優秀な人間にはなれないと思います（逆転項目）。

「自己肯定」
- いまの自分に満足しています。
- どんなときでも、しっかりがんばれます。
- いまの自分はだめな人間だと思います（逆転項目）。

意欲 ——行動を起こし、持続させる力

捉え方

■意欲とは

意欲（心理学では動機 motive という）とは、目標を設定してそれを達成しようと行動を起こし持続する力（推進力）です。

意欲（動機）は、よくベクトル量に例えられます（櫻井、２０１７）。ベクトル量は図10のように矢印で示されることが多く、矢先の部分は「方向」を、枝の部分は「エネルギーの大きさ」を示します。これを意欲に当てはめると、方向は「目標」、エネルギーの大きさはその目標を達成するために行動を起こし「推進する力の大きさ」といえます。方向＝目標、エネルギーの大きさ＝推進力の大きさであり、どちらも揃っていないと意欲としては働きません。

意欲は領域によって分けることができます。学習領域の意欲は学習意欲、対人関係領域の意欲は対人関係意欲です。大人になると働く意欲もあるでしょう。学習意欲は数学の応用問題を解くこ

図10 意欲（動機）の捉え方

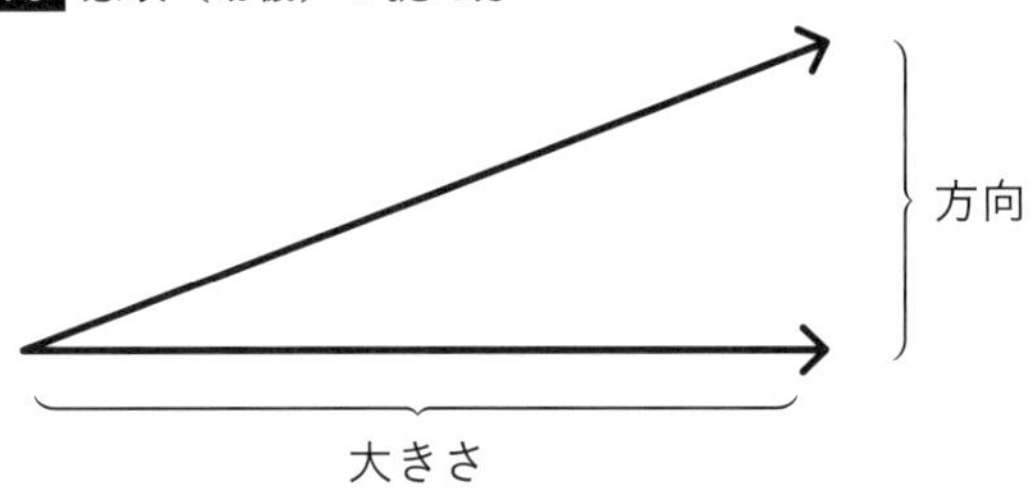

方向

大きさ

とを目標とするような場合に、対人関係意欲はクラスメイトと仲よくなることを目標とするような場合に働きます。ここでは子どもの学習意欲について説明します。

学習意欲は、図11のように、「自ら学ぶ意欲（自律的な学習意欲：autonomous learning motive）」と「他律的な学習意欲（controlled learning motive）」に分けられます。

「自ら学ぶ意欲」は自発的に学ぼうとする意欲です。小学校高学年くらいからは学習プロセスを自分でコントロールできる（自己調整学習ができる）ようになるため、「自律的な学習意欲」といえます。

他律的な学習意欲は、他者からの指示によって、多くの場合は仕方なく学ぼうとする意欲です。すべてのことが自発的に学べるわけではないためこの意欲も大事です。

ここでは「自ら学ぶ意欲」に絞って説明します。他律的な学習意欲を含む学習意欲全般についてさらにお知りになりたい方は、拙著『学びの「エンゲージメント」』もご参照ください。

図11 学習意欲の分類

- 学習意欲
  - 自ら学ぶ意欲（自律的な学習意欲）
    - 内発的な学習意欲
    - 達成への学習意欲
    - 向社会的な学習意欲
    - 自己実現への学習意欲
  - 他律的な学習意欲

■心理的欲求と「自ら学ぶ意欲」

「自ら学ぶ意欲」の源には、四つの心理的欲求があります。
①知的好奇心：未知のことや不思議なこと、詳しいことを知りたいという欲求。
②有能さへの欲求：有能になりたいという欲求。達成欲求ともいいます。
③向社会的欲求：人のためや社会のためになりたいという欲求。利他的欲求ともいいます。
④自己実現の欲求：自分の長所を生かし、自分らしく生きたいという欲求。

こうした心理的欲求は低下することはあっても、なくなることはありません。食欲のような生理的欲求と同じで、「しぼむ」だけです。この点の理解は大事です。

これらの心理的欲求に基づいて「自ら学ぶ意欲」を説明すると次のようになります。

①内発的な学習意欲：知的好奇心と有能さへの欲求が源になって、面白いから学ぼう、そしてより深く学ぼうという意欲。
②達成への学習意欲：有能さへの欲求が源になって、高い達成をめざして学ぼうという意欲。
③向社会的な学習意欲：おもに向社会的欲求が源になって、他者（クラスメイト等）のために、あるいは他者との協力や助け合いによって学ぼうという意欲。社会的な意欲としての側面が強いといえます。
④自己実現への学習意欲：自己実現の欲求が源になって、将来や人生の目標を達成するた

めに意識的に自分をコントロールして学ぼうという意欲。長期的な意欲です。

四つの心理的欲求と「自ら学ぶ意欲」の違いは、「心理的欲求」が「漠然と」何かを学びたいという気持ちであるのに対して、「自ら学ぶ意欲」は「具体的な目標をもって」何々を学びたいという気持ちです。すなわち、心理的欲求が具体的な目標をもつことによって「自ら学ぶ意欲」となります。

■「自ら学ぶ意欲のプロセスモデル」について

自ら学ぶ意欲については図12（77頁）のような「自ら学ぶ意欲のプロセスモデル」（櫻井、2020）が提唱されています。自ら学ぶ意欲を中心に、小学校高学年くらいからの子どもたちが自律的に学ぶプロセスをモデル化したものです。プロセスには自ら学ぶ意欲のほかに、メタ認知や自己調整（自己制御）といった非認知能力も関係します。このモデルの概要を「教室での学習過程」を例に説明しましょう。

まずは「安心して学べる環境」が大事です。そして適切な「情報」（授業や支援）によって四つの心理的欲求（知的好奇心・有能さへの欲求［自律性の欲求を含む］・向社会的欲求・自己実現の欲求）のいくつかが喚起され、具体的な目標を伴った「動機（自ら学ぶ意欲）」が形成されます。

この動機に基づいて学習が始まります。すなわち子どもは「見通し」をもって「学習活動」を行い、「結果」が出て「ふり返り（自己評価）」をします。結果が目標を達成するもの（成功）であれば「学ぶ面白さや楽しさ」「有能感」「自己有用感」「充実感」（四つの心理的欲求にほぼ対応）

を感じ、これらによって心理的欲求が充足され心理的欲求は維持されたり高まったりします。結果が失敗であれば目標や見通しを修正し、新たな学習活動を展開して目標を達成することが試みられます。

動機の形成からふり返りまでの過程は、「メタ認知」（82頁を参照）の発達（小学校高学年頃から）によって、子ども自身が自分で制御（自己制御：次節を参照）できるようになります。それまでは教師が指示したりサポートしたりする必要があります。「メタ認知」の役割を教師が担うということです。

なお「安心して学べる環境」の中心は「対人的に安心できる環境」であり、「関係性の欲求（他者と仲よくなりたいという心理的欲求）」が充足されることで実現します。

最終的に「自ら学ぶ意欲のプロセスモデル」がうまく機能すれば、子どもはウェルビーイングを感じ、「自律的な学習者」に成長していきます（第6章参照）。

図12 自ら学ぶ意欲のプロセスモデル

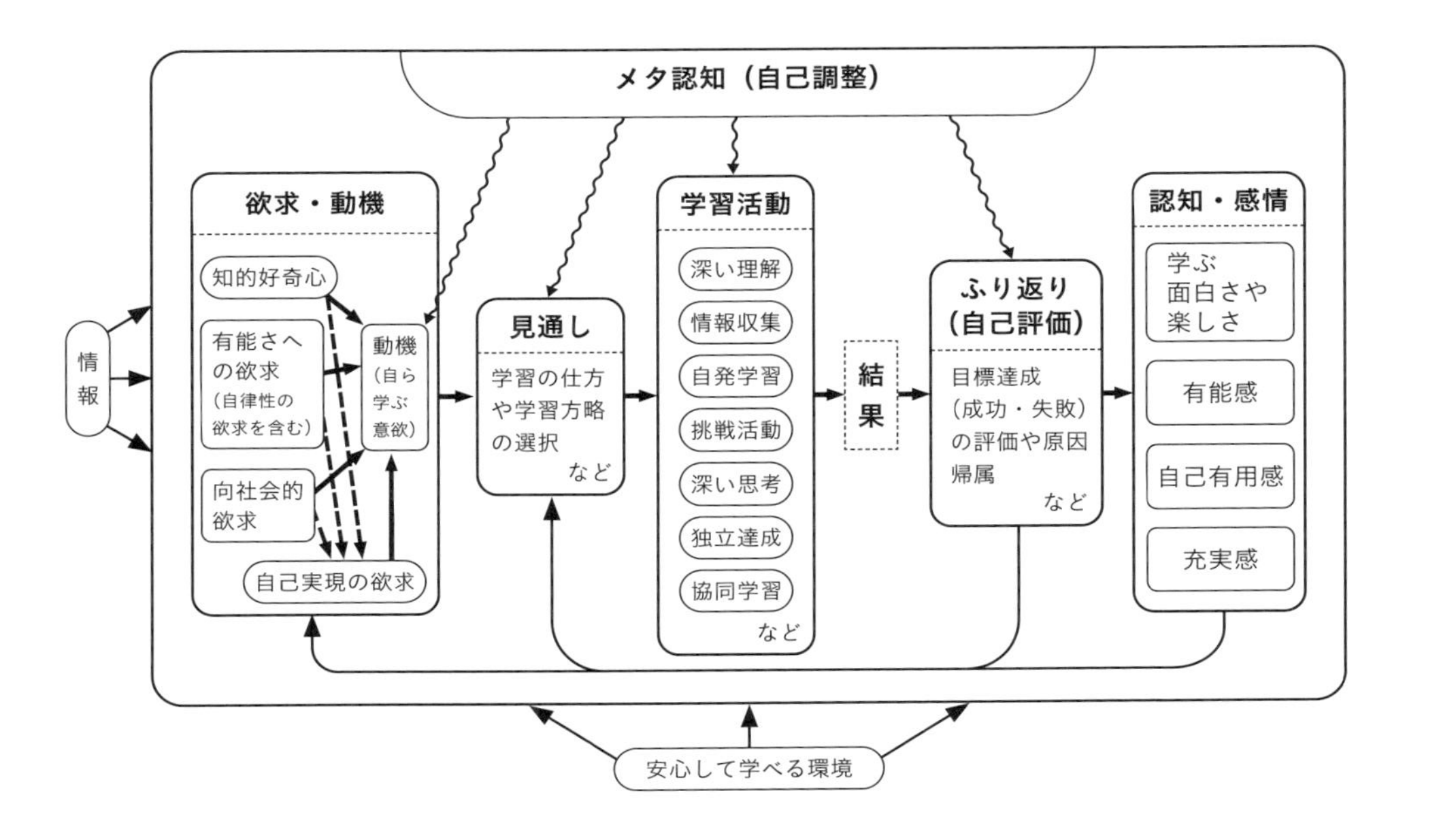

注）「欲求・動機」では，心理的欲求のほかに，認知（例えば～の学習には価値があるといった信念）や感情（例えば～の学習が好きだという思い）も動機の形成に影響します。

発達と育て方

図13（79頁）には、発達段階、心理的欲求のあり方、心理的欲求が充足されたときの子どもの感じ方、心理的欲求によって引き起こされる自ら学ぶ意欲の種類が示されています。以下、この図13を参照しながらお読みください。

幼児期は「知的好奇心」が旺盛です。初期には「拡散的好奇心」によって、いろいろなものに興味関心を示し探索するようになるため、そうした興味関心を生かしてあげることが大切です。例えばこの時期、昆虫好きの子どもを公園につれていくと、いろいろな場所に入り込み、盛んに昆虫を探すような行動をします。このとき、探索行動をあたたかく見守り、うまく昆虫が見つけられたら、にっこり微笑みながらほめてあげましょう。幼児期後期になると、一つのことに集中してものごとを探究するような「特殊的好奇心」も発達してきます。さきほどの例でいえば、探した昆虫を分類して母親に名前を尋ねたりします。子どもと一緒に図鑑やスマートフォンで名前を調べるとよいでしょう。いずれの場合にも、探索・探究行動によって楽しい・面白いという体験ができたり、そうした行動を養育者にほめられて有能さを感じたりすると、「知的好奇心」はうまく働きつづけます。よくできたということで「有能さへの欲求」も充足され、高まったり維持されたりします。

小学校の頃には有能さへの欲求や「向社会的欲求」が強くなってきます。友達よりも良い成績

図13 発達段階，欲求のあり方，欲求が充足されたときの子どもの感じ方，欲求の充足によって引き出される自ら学ぶ意欲の種類の関係（櫻井 2020 の p104）

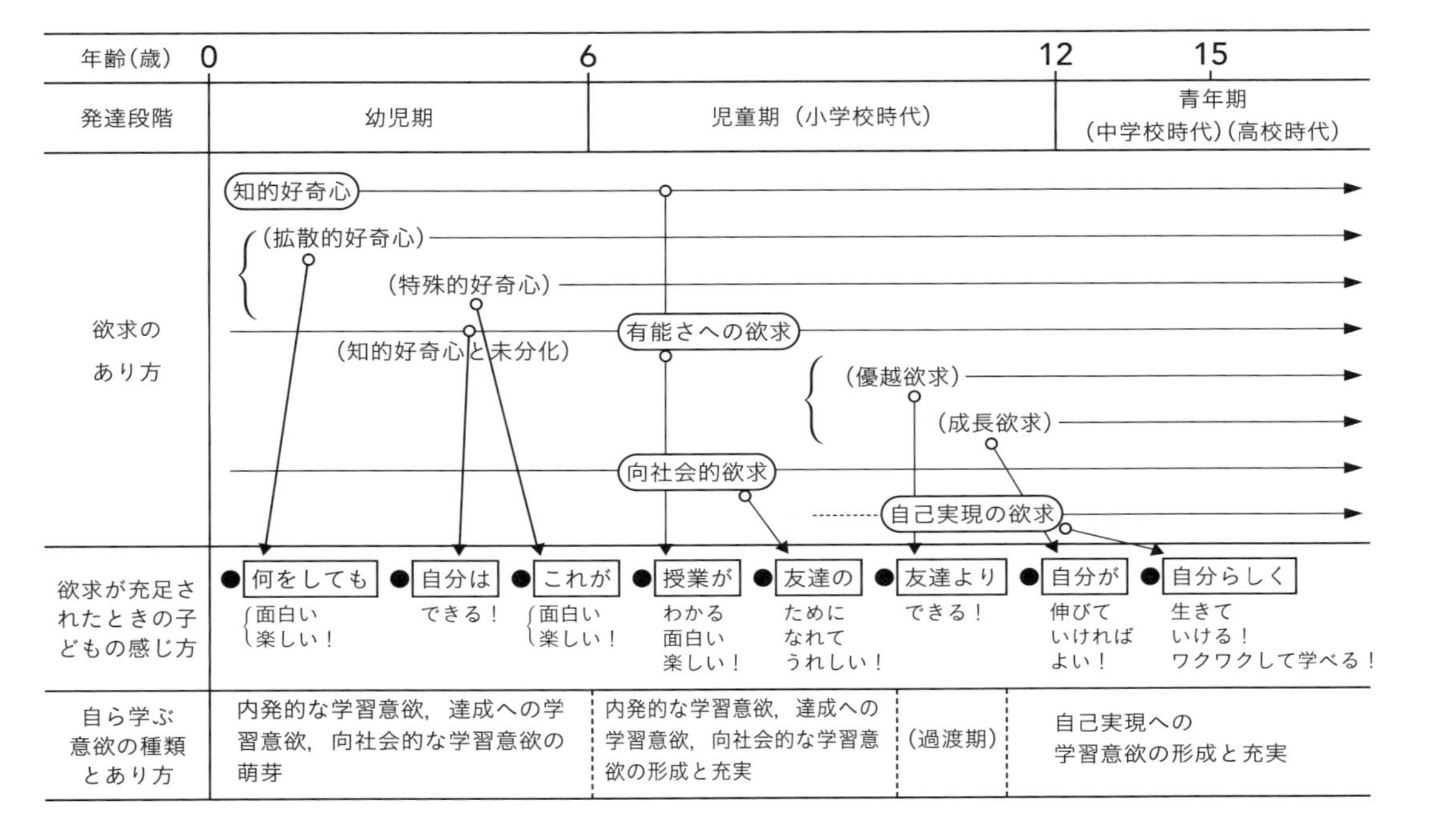

をとることで「優越欲求」が満たされたり、友達のためにわからない教科を教えてあげることで「向社会的な欲求」が充足されたりします。ただし、「優越欲求」にこだわりすぎると苦手な教科では強い劣等感が形成されることになります。有能さの欲求のなかでも「成長欲求」によって、自分が成長できることをよしとする態度も身につけられるとよいでしょう。いつまでも、すべての教科で、誰よりも成績がよい（優越）ということ（オールマイティであること）はありえません。

小学校高学年くらいから徐々に、「知的好奇心・有能さへの欲求・向社会的欲求」が融合して「自己実現の欲求」が形成されるようになります（例えば、櫻井，２０２０）。もちろん、三つの心理的欲求は単体でも機能します。このような時期になると、興味関心があり、うまくでき、他者や社会に貢献できるような（すなわち、三つの心理的欲求が充足されやすい）仕事（例えば、理科の教師）に就きたいという、将来目標が生まれてきます。これはとても大事なことで、こうした将来目標がもてれば、その達成に向けてがんばる長期の学習意欲（「自己実現への学習意欲」）が育ちます。教師や親はこうした子どもの発達を支援することが重要です。ただ、将来目標は成長とともに変わりますので、周囲の大人は柔軟に対応しましょう。また、図12（77頁）にもありましたが、小学校高学年からはメタ認知（82頁）や自己制御（91頁）の発達によって、自分で学習過程をコントロールできるようになるため、その支援も大事です。

学習意欲の育て方で重要なのは、「知的好奇心・有能さへの欲求・向社会的欲求・自己実現の欲求」を刺激し、具体的な目標を伴った自ら学ぶ意欲が形成されるようにすること、それらの目標が達成できるように学習活動を支援し、心理的欲求が充足されるようにすることです。こうした学習過程を自分でコントロールできるようになったら、それを支援したり見守ったりすることも大事です。

測り方

学習意欲については次のような質問項目（子ども用）で測定することができます。

・学ぶことは楽しいです。
・学ぶことは大好きです。
・少しくらいの失敗ではあきらめないほうです。
・むずかしい問題でも粘り強く取り組みます。
・失敗は成功へのヒントを与えてくれるもの（失敗は成功のもと）だと思います。

標準化された心理検査としては、私が中心になって開発した「教研式学びのエンゲージメントテストＥＴ」が推奨できます。学習意欲の現れとしての「学びのエンゲージメント（積極的な学習への取り組み）」や自信・自己効力感等がタブレット等への回答により短時間で測定できます（コラム②参照）。

メタ認知 ——自分や他者をモニタリングする力

捉え方

■メタ認知とは

メタ認知（meta-cognition）のメタとは、「～についての／～を超えた／～より上位の」という意味の接頭語です。それゆえメタ認知は「認知の認知」とよくいわれますが、もう少していねいに説明すれば、自分あるいは他者が行う認知活動（例えば覚えること）を一段高いところから認知する（捉える）ことです。こう説明をすると、メタ認知は非認知能力よりも認知能力に近いように思えるかもしれません。実は第1章でもふれたように非認知能力と認知能力の峻別はむずかしく、メタ認知の場合には後述するように「メタ認知的活動として認知活動をモニタリングしたりコントロールしたりする」という面、すなわち次節で登場する非認知能力の典型である「自己制御」の側面を重視してここで説明することにしました。いずれにしてもとても大事な能力ですので、漏らすことはできません。なおメタ認知は小学校高学年くらいでほぼ獲得されますが、効果的に使えるようになるには個人差が大きいです。メタ認知を効果的に使える能力のことを「メタ認知能力」といいます。

メタ認知は図14に示すように、認知にかかわる知識である「メタ認知的知識」と、認知活動をモニターしコントロールする「メタ認知的活動」で構成されます。メタ認知的活動はおもにメタ認知的知識に基づいて行われます（三宮、2018）。

■メタ認知的知識

メタ認知的知識には「思考は感情に左右されやすい」といった人間の認知特性についての知識、「抽象的な議論は具体的な議論よりも論点が曖昧になりやすい」といった課題についての知識、「計算ミスを防ぐには検算が役立つ」といった課題解決の方略についての知識があります。

なお人間の認知特性についての知識には「私は批判的な思考が苦手だ」といった自分自身の認知特性についての知識や、「Aさんは早とちりをする」といった他者の認知特性についての知識も含まれます。メタ認知的活動をするにはこれらも役立ちます。

■メタ認知活動の流れについて

メタ認知的活動には「ここがよくわからない（気づき）」「この質問には簡単に答えられそうだ（予想）」「この解き方でよ

図14　メタ認知の分類（三宮, 2018）

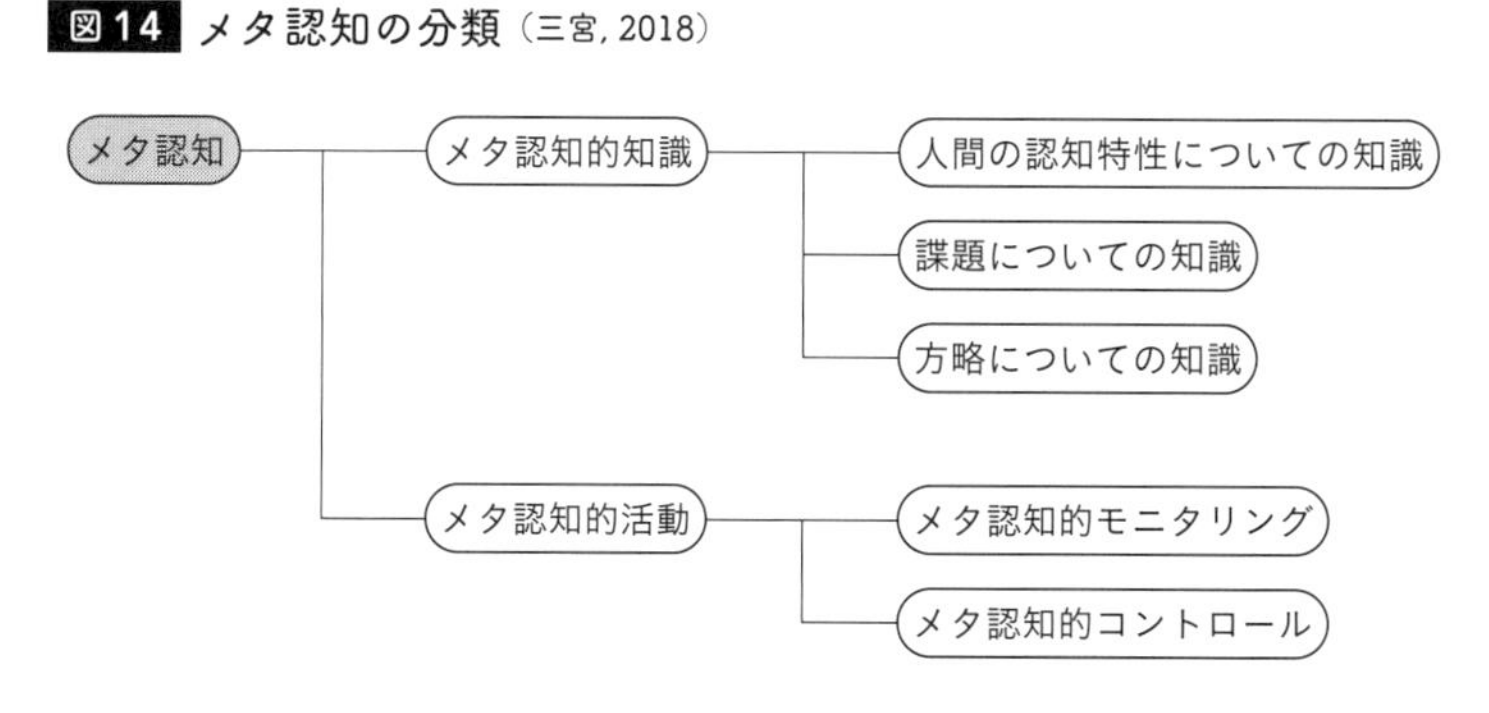

いのか（点検）」「この部分が理解できない（評価）」といったメタ認知的モニタリングと、「かんぺきに理解しよう（目標設定）」「簡単なところから始めよう（計画）」「この考え方ではうまくいかないから、ほかの考え方をしてみよう（認知の修正）」といったメタ認知的コントロールがあります。

メタ認知的活動を時系列的に追ってみましょう。図15に示すように三つの段階を経ます。ここでは三宮（２０２２）に登場する「教室で自分が調べたことを発表する（プレゼンを行う）」を例に説明します。

事前段階では、「この発表は私にはむずかしいのではないか」（困難度の評価）、「うまく発表できるだろうか」（達成の予想）といった困難度の評価や達成の予想に基づいて、自分なりの目標を設定し、段取りを決め、プレゼンの仕方（方略）を選択します。例えば「自分はプレゼンが苦手だから70％程度の出来栄えでＯＫ」（目標の設定）、「最初と最後の重要な部分にそれぞれ10分を使う」（段取り）、「プレゼンではていねいに説明したほうが良いと思うのでスライドの枚数を多くする」（方略の選択）というように、おもにメタ認知的知識を用いたメタ認知的活動を行います。

次の遂行段階では、実際にプレゼンをしていますので、メタ認知的活動に割く認知的資源は限られます。そうしたなかでも、例えば「思ったとおりこの発表はむずかしいから70％程度の出来栄えならＯＫ」（目標を維持）、「発表の冒頭部分で15分も使ってしまったので中間部分では5分程度の時間調整をしよう」（計画の微調整）、さらに「スライドの枚数が多く聞き手には冗長のようなので少し省こう」（方略の変更）といったようなメタ認知活動を行います。

事後段階では、プレゼン終了後のことなので、メタ認知活動に多くの時間を費やすことができます。メタ認知的モニタリングとしては、「目標はほぼ達成できた」（達成の評価）が、「発表の時間配分に失敗し、最後の重要な部分が駆け足になってしまった」（失敗部分とその原因）というような賞賛や反省がなされます。反省に基づいて、次回のプレゼンの際の目標、計画、方略等の選択が可能となります。次回のプレゼンに向けて改善策をつくるには、当該プレゼンをビデオ等に録画しておくとよいでしょう。

メタ認知的活動はあくまでも「心のなかでの活動」です。実際の課題遂行（授業での学習）場面、

図15 課題遂行の各段階におけるメタ認知的活動（三宮, 2008）

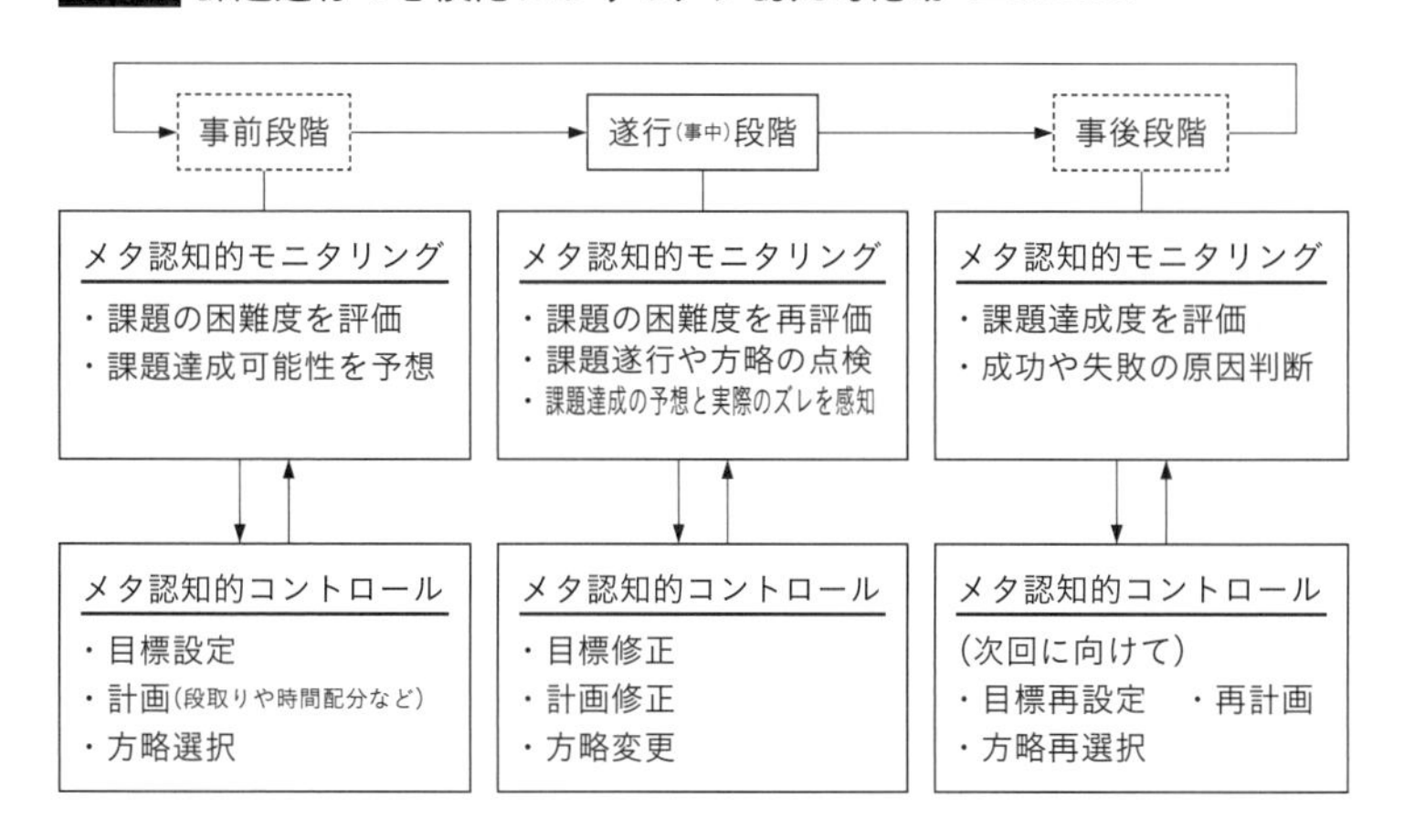

例えばさきほどのようなプレゼンの場面では、メタ認知的活動に基づいて実際にプレゼン（発表するという「行動」）をします。

■メタ認知と自己調整学習および自己制御について

さきに取り上げた「自ら学ぶ意欲のプロセスモデル」（図12、77頁）のなかにもメタ認知が登場しましたが、自己調整学習（self-regulated learning）で用いられる「自己調整」という用語も併記されていました。実は「自ら学ぶ意欲のプロセスモデル」における学習とは、「メタ認知を用いた自己調整学習」が基本です。

さらに次節で取り上げる「自己制御」の英語表記はself-regulationです。日本語では「自己制御」と訳すことが多いのですが、自己調整学習では「自己調整」と訳されていることにご注意ください。

発達と育て方

■メタ認知的知識

メタ認知はすでに述べたとおり、小学校高学年くらいには可能になりますが、能力として自覚して効果的に使えるようになるには多少の時間がかかります。個人差も大きいようで、すぐに使えるようになる子もいれば、なかなか使えるようにならない子もいます。そうした意味では小学校低・中学年くらいからトレーニングをするとよいと思われます。メタ認知的知識については教師が教えることもできます。授業の一環として教えたり、宿題を点検しているときに一緒に考えたりするとよいでしょう。

表2（89頁）に示した「メタ認知的方略」を含む「自己調整学習方略」も徐々に習得することが大事です。この表では自己調整学習にかかわる学習方略を大きく三つに分けて説明しています。

まず「認知的方略」は記憶方略に対応するものが多いです。例えばリハーサルは記憶内容を何度も繰り返して覚える方略で、7歳くらいで自発的に使用できるようになります。また体制化は記憶内容をグループに分けて覚える方略で、10歳くらいで自発的に使用できます。

次の「メタ認知的方略」は、プランニング（課題の分析をして目標を立てること）、モニタリング（自分の認知活動をモニターすること）、（自己）調整で構成されます。学習過程では「プランニング→モニタリング→調整」の順に使用されることが多いです。うまく使えるようになるには訓練が必要です。

最後の「リソース管理方略」は自分の内と外のリソース（資源）をうまく使う方略です。時間の管理をする、周囲の環境を学習しやすいように整備する、むずかしい問題に出合ったときには粘り強く対応するため息抜きや休養をするといった方略のほかに、仲間と共に学んだりわからないことは自分から他者に援助を求めたりする方略も含まれます。

「自己調整学習方略」は成長してからも役立ちます。

人間の認知特性についての知識のうち、「自分自身」の認知特性についての知識（例：自分は視覚的な記憶が苦手である）は、二次性徴の発現とともに自分に興味関心をもつようになる小学校高学年くらいから徐々に習得されます。この時期の子どもはそうした自己理解が的を射ているのかどうかを、仲の良い友達や教師に確かめようとします。そうしたときには、ポジティブなこと（例：やさしい性格である）については正直に伝え、ネガティブなこと（例：疑い深い性格である）については傷つかない程度に正直にこたえてあげるとよいでしょう。子どもの自己理解は徐々に客観的なものへと変わっていきます。

■メタ認知的活動

メタ認知的活動については、できなければトレーニングが必要です。本来、メタ認知的知識が習得されていれば、それを自分の学習場面に適用すればよいのですが、うまくいくかどうか不安な場合には、まずはいつもと同じ方法で学習に臨ませ、うまくいかないときには「こんな方法もあるよ」とその子に提案するとよいでしょう。結果的に学習が成功裏に終わることが大事です。成功経験の積み重ねによってその子にとって効果的な学習方法が身につき、自発的・自律的に学習をコントロールできるようになります。

表2
ピントリッチの自己調整学習方略のリスト
（Pintrich ら 1993：伊藤 2012）

上位カテゴリー	下位カテゴリー	方略の内容
認知的方略	**リハーサル**	学習内容を何度も繰り返して覚えること
	精緻化	学習内容を言いかえたり，すでに知っていることと結びつけたりして学ぶこと
	体制化	学習内容をグループにまとめたり，要約したりして学ぶこと
	批判的思考	根拠や別の考えを検討すること 批判的に吟味して新たな考えを得ようとすること
メタ認知的方略	**プランニング**	目標を設定し，課題の分析を行うこと
	モニタリング	注意を維持したり，自らに問いかけたりすること
	調整	認知的活動が効果的に進むように継続的に調節を図ること
リソース管理方略	**時間管理**	学習のプランやスケジュールを立てて時間の管理をすること
	環境構成	学習に取り組みやすくなるように環境を整えること
	努力調整	興味がわかない内容やむずかしい課題であっても取り組み続けようとすること
	ピア・ラーニング	仲間とともに学んだり，話し合ったりして理解を深めること
	援助要請	学習内容がわからないときに教師や仲間に援助を求めること

測り方

子ども用の質問項目として使えるものをメタ認知的知識とメタ認知的活動に分けて示します。

「メタ認知的知識」

・人間は一度覚えてもすぐ忘れるので、復習をする必要があります。

・自分の長所・短所（自分のよいところと劣ったところ）や適性を理解しています。

・自分に適した勉強方法を知っています。

「メタ認知的活動」

・勉強するときは目標を決めてしています。

・勉強をしているとき、そのやり方がよいか別のやり方がよいか考えることがあります。

・テスト後には、答案が返される前に出来栄えについてふり返りをします。

・テストの答案が返されると、間違ったところをやり直す（確認する）ようにしています。

自己制御　──自分をコントロールする力

捉え方

自己制御（self-regulation：自己調整と訳す場合もある）とは、ここではセルフコントロール（self-control：自己統制と訳す場合もある）とほぼ同じであり、おもに目標を達成するために、自分で自分の欲求・認知・感情・行動等を調整・制御する力です。目標の達成を妨げる欲求を抑制する自己抑制や実行機能（自制心）の一部も含みます。学問的には異なる見解もありますので、詳しいことは原田（２０２１）等をご参照ください。すでに紹介したメタ認知も、自己調整学習や自ら学ぶ意欲のプロセスモデルの重要な要因となっていますが、この自己制御も強く関係します。自己制御ができなければ、いずれの学習プロセスもコントロールできず、結果的にうまく進行しません。

心理学者のBaumeister（２０１８）は、人生に大きな影響を与える二つの能力として、知能と自己制御をあげました。そのくらい大事な能力といえます。例えば宿題をしなければならないのにテレビゲームをしてしまう子どもは、テレビゲームがしたいという欲求を抑えられない（我慢できない）ということで自己制御がうまくできていないのです。

非認知能力の一つとして取り上げられる「感情調整（emotion regulation）」も感情に関する

調整・制御なので、この自己制御に含めることができます。

発達と育て方

■マシュマロ実験による自己制御への示唆

幼児期にはこんなことが起こります。ある有名な実験を紹介します。4歳の幼児の目の前に、実験者は大きなマシュマロを一つ置いて、「いまこのマシュマロを食べてもいいけれど、15分待てれば、もう一つあげるよ!」と言いました。その後、実験者はその部屋を出て、隣室から幼児の様子を観察し、幼児がマシュマロを食べずに待つ時間を測りました。

この実験では、目の前の小さな報酬(マシュマロ1個)ではなく、遅延後の大きな報酬(マシュマロ2個)を選択できるかどうかが検討されました。幼児にとって15分間はとても長い時間です。多くの幼児は最後まで待てずに目の前のマシュマロを食べてしまいました。我慢することができなかったのです。最後まで待つことができた幼児は全体の30%程度でした。これらの幼児は、マシュマロを見ないように手で顔を隠したり、マシュマロではなく「雲ではないか」と考えたりして、マシュマロから気をそらしました。がんばろうとする幼気(いたいけ)な姿が見られたそうです。

これはMischel(1974、2014)による「満足の遅延(delay of gratification)」という

実験（通称、マシュマロ実験）です。4歳の頃にはまだ、食べたいという欲求を押さえてより大きな報酬を得るという目標を達成すること、すなわち自己制御することはむずかしいようです。発達的にみると、幼児期はおもに養育者からの要請に応えることで自己を制御できる他律的な自己制御の段階にあります。それゆえマシュマロ実験では他者（できれば養育者）からの強い要請（「待たないとだめよ、がんばってね」との言葉がけ等）があれば、自己制御ができたかもしれません。

なお、この実験は親が高学歴で経済的に裕福な家庭の子どもが対象でした。のちの同様な研究によると、将来への影響すなわち成長してからの社会的な成功等への影響は、自己制御（自制心）よりも「経済的に裕福であること」のほうが強かったとの知見もあります。将来的な影響については議論が続いているようです。

■どうやって育てるか

児童期になると徐々に自分の判断で自己制御をする自律的な自己制御の段階にいたります。幼児期の経験がもとになって、自分の欲求や感情、認知、行動等をコントロールするノウハウ（スキル等）が身についてくるからです。メタ認知が発達したりクラスメイトの勉強ぶりを見習ったり（モデリングしたり）するうちに、自己制御能力はさらに高まります。

教師や親は、子どもが自分の学習過程をうまくコントロールして目標が達成されたとき、あるいはスポーツでも同様の経験をしたときに、その行いや結果を評価しほめることによって、自己制御はさらに育ちます。すでに取り上げた自己調整学習がうまくできるようにしたり、自ら学ぶ意欲のプロセスモデルがうまく働くようにしたりすることも、結果的に自己制御の育成に役立ちます。

測り方

次のような質問項目（子ども用）によって、自己制御は測定できます。

・遊びたくても大事な勉強があるときは、勉強を優先（さきに）します。
・おいしいものでも食べすぎないように我慢します。
・怒ったとき、何らかの方法でその気持ちを抑えることができます。
・勉強する時間と遊ぶ時間のバランスを考えます。

創造性 ――新しいことを生み出す力

捉え方

思考（thinking）は一般に、与えられた問題に対して一つの解答を見つけるような「収束的思考（convergent thinking：集中的思考ともいう）」と、与えられた情報のなかから新しい知識や問題を見いだすような「拡散的思考（divergent thinking）」に分けられます。このうちおもに拡散的思考に関係して、独創的でかつ有用な結果を生み出す能力を創造性（creativity）と捉えます（長谷川、２００８）。創造性の構成要素としては「創造的思考（おもに拡散的思考）」と「創造的態度」がよく知られています。創造性の研究で有名なギルフォードらの研究（Guilford & Hoepfener, １９７１）やS–A創造性検査（創造性心理研究会、１９６９）によると、創造的思考には①問題に対する感受性（問題を発見する能力）、②思考の流暢性（特定の問題に多くのアイディアを円滑に出せる能力）、③思考の柔軟性（さまざまな角度からアイディアを出せる能力）、④思考の独創性（ほかの人とは異なる非凡なアイディアを出せる能力）、⑤再定義の能力（例えば魚の骨は釣り針としても使えるというような新たな利用法を考えつく能力）、⑥思考の精緻性（アイディアをていねいに考えることができる能力）、⑦思考の具体性（実現できるような具体性のある考えを生み出せる能力）といった側面があります。

■認知能力との関係

このように創造的思考は全体としてみると思考の一種であり、認知能力に分類するほうが適切なように思われます。しかしよくみてみると、一部に感性や感受性（sensibility or sensitivity）のような非認知的な要素も含みます。創造の始まりには「ひらめき（直観力）」や「想像（イメージ）」も働くため、認知能力にとどまらない能力、すなわち非認知能力も関係していると考えてよいのではないでしょうか。さらにS－A創造性検査（創造性心理研究会、1969）によると、「創造的態度」として自発性（自分の意思で積極的に行動すること）、持続性（意欲をもって根気よく取り組むこと）、探求性（好奇心をもって目標を追求すること）も必要であり、これらは明らかに非認知能力に関係する能力といえるでしょう。

海保（1986）は思考や知能あるいは学力（学業成績）の関係を図16（97頁）のように捉えています。知能はさきに紹介した集中的思考（収束的思考）がその中心にあり、創造性は同じ思考でも拡散的思考が中心にあります。知能（認知能力）と創造性はいちおう独立の関係にあると考えられています。知能と創造性は学力に対して異なる側面からプラスに影響します。

つまり学力は課題解決学習と課題生成学習による成果であり、課題解決学習（集中的思考による成果）と、課題生成学習（拡散的思考による成果）が合わさったものという捉え方をしています。学力は（認知能力と捉える研究者もいますが、私は基本的に学習の成果と捉えています）、認知能力である知能と、非認知能力との関係も強い創造性とによる総合的な学習の成果であると考えてよいように思います。

■類似概念との関係

意欲の節で紹介した知的好奇心や有能さへの欲求といった心理的欲求は、こうした拡散的思考あるいは創造性との関係が強いようです。

及川ら（2009）によると、大学生の場合、知的好奇心や有能さへの欲求から生じた「積極探究」（具体的には自発的に情報収集をしたり、むずかしい問題に挑戦したりすること等）や「深い思考」といった学習活動が創造性と関連していました。創造性の源にはこうした欲求があることは容易に想像されます。

近年、批判的思考（critical thinking）が重要視されており、これも創造性の枠組みに入れて考えるべきだと思います。創造の前提として既存のものごとを批判的に考える思考はとても大事です。

図16 学力，知能，創造性の関係（海保, 1986）

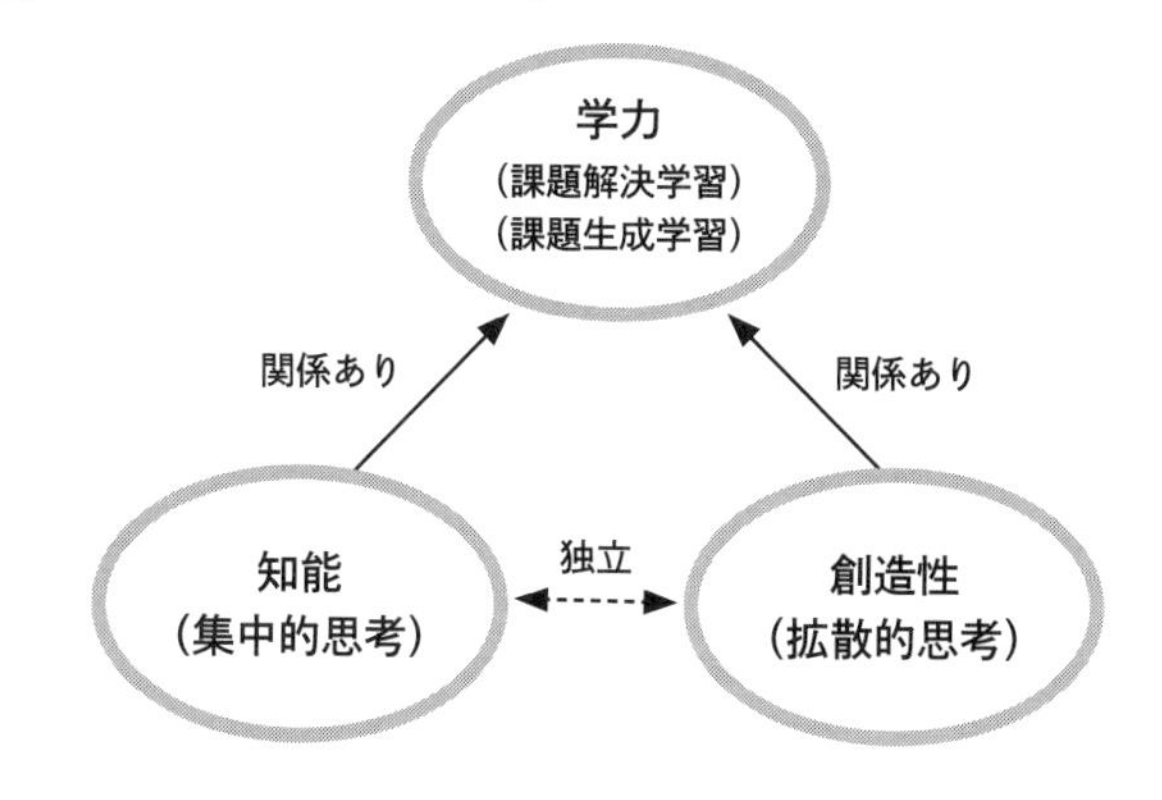

発達と育て方

幼児期は創造性が飛躍的に伸びる時期であり、特に3～4歳半にかけて上昇しますが、（本能的）欲求を抑えるようになる5歳頃にはいったん下降します。

児童期では、小学1～3年でいったん上昇しますが、4年生以降は高くはなりません。小学校中学年以降で下降あるいは停滞がみられるのは、認知能力が発達し、この頃から科学的で合理的な理解を求める気持ちが強くなり、いわゆる突飛な発想や風変わりな考えが抑制されるからではないかと考察されています（弓野、2002）。

中学生くらいになると、認知能力の発達とともに二次性徴による心身のバランスがくずれることから、13～14歳頃には低下する現象がみられます。

子どもの創造性を育むには、新しい発想や他児とは異なる考え等を大事にすることが必要です。弓野（2002）によれば以下のように、「その子らしさ」を認めるほめ方を工夫することが効果的なようです。

「さすがは◯◯さん、ほんとうに君らしい考え方だ。これからもがんばれよ」

「人が考えつかないような方法をよく考えたね。すごいよ！」

「いろいろな観点からよく吟味されているね。すばらしいよ」

創造性を高める方法としては、ブレインストーミングのようなグループでたくさんのアイディアを生み出す方法があります。この方法では、他者のアイディアについて評価や批判はしない、自由奔放なアイディアを尊重する等の原則に基づいて行われます。「概念地図法」といって概念間の関連を図示し、視覚化させる方法も有効です。この方法は概念間の関係は矢印等で示され、AはBを促進する、AとBは同意等関連の意味を記入するというもので、複雑な概念間の関係を整理する際によく使われます。整理することが創造性を育むことの第一歩かもしれません。

測り方

創造性は次のような質問項目（子ども用）で測定することができます。

・アイディアを出し合って問題解決をするような授業が好きです。
・未知のことを探究する（調べる）ことが好きです。
・あたりまえと思うことでも疑ってみることは大事だと思います。
・一つのやり方だけでなく、いろいろなやり方で問題を解こうとします。

表3のような創造性のテストもあります。「代替利用問題」は、おもに日常で出合う品物（ここではスイカ）の通常とは異なる利用法について尋ねる問題です。創造性のなかでは非凡性や再定義の能力を測定する問題です。「アナグラム問題」は、いくつかの文字を使って単語をたくさん作成する問題です。おもに柔軟性を測定することができます。「遠隔連想問題」は、いくつかの単語を結びつけるものを探す問題です。創造性のなかでも想像・イメージの豊かさを測定することができます。

表3 創造性テストの例（長谷川, 2008）

代替利用問題	「スイカ」は食べること以外にどんな使い道があるか？ 解答例：スイカ割りに使う，染色する，重りに使う，お面を作るなど
アナグラム問題	「トクガワイエヤス」という文字を使ってできるだけ多くの3文字以上の単語を作りなさい。 解答例：エイガ，ガクヤ，イエス，イガク，クワイなど
遠隔連想問題	「腹，花，柱」を結ぶものは？ 答え：時計 「メガネ，赤毛，手長」を結ぶものは？ 答え：サル

レジリエンス ――失敗やストレスから立ち直る力

捉え方

レジリエンス（resilience）とは、失敗が続いても、あるいは対人関係でストレスフルな状況になっても、そのショックから素早く立ち直り、失敗やストレスにうまく対処して元気な状態に回復する力です。逆境を跳ね返すたくましさ、といってもよいでしょう。幼い頃に重要とされる「欲求不満耐性（あるいはフラストレーション耐性）」（frustration tolerance）や、ストレスに強い「ストレス耐性」と類似した概念であり、ストレスに強いパーソナリティ特性であるハーディネス（hardiness）とも近い概念です。

レジリエンスは、これまで紹介してきた「自己に関する非認知能力」と比べると二つの特徴があります。一つは、「ネガティブな事態」に対処し立ち直る力という点です。これまでの非認知能力は必ずしもネガティブな事態を対象としていません。しかしレジリエンスはそうしたネガティブな事態を前提にして、そこから回復する力です。たくましさを意味する力であり、VUCAの時代には必要不可欠な力といえます。

もう一つは、「自己に関する」非認知能力というだけではなく、次章で紹介する「他者や社会とかかわる」非認知能力でもある点です。特にストレス状況は対人関係で起きることが多く、それに対するレジリエンスは明らかに「他者や社会とかかわる非認知能力」に属します。

発達と育て方

自分のしたいこと（欲求）を阻止されると、私たちはしばしばストレス状態に陥ります。このような状態を「欲求不満（フラストレーション）」といい、欲求不満な状態を上手に解消できる力を「欲求不満耐性（フラストレーション耐性）」といいます。

幼児期の頃から、このような力を育てることができます。例えば遊びたいと思っていたおもちゃを友達にさきに取られてしまい、欲求不満になった事態を想像してみてください。その友達が遊んでいる間は我慢したり（自制心）、その友達と一緒に遊ぶために「一緒に遊ぼう」と声をかけたり（社会的スキル）することを、親や保育者が促すことで、欲求不満耐性や問題解決能力が育成されます。ストレス研究の成果として図17（103頁）のような「ストレスの捉え方」が示されていますので、これに従って対応できるようにサポートすればレジリエンスを育てることができるでしょう。

心理学では、いやな出来事を「ストレッサー（stressor）」、いやな出来事によって引き起こされる心身の不調を「ストレス反応（stress response）」と呼びます。ストレッサーからストレス反応にいたるプロセスを「ストレス」と呼ぶことが多いです。ストレッサーとストレス反応の間には三つの要因［コーピング（対処）、ソーシャル・サポート（社会的支援）、個人特性］が介在し、これらによってストレッサーがストレス反応に及ぼす影響をコントロールすることが可能です。この三つの要因によって、レジリエンスの程度に強弱ができます。

コーピングは、少し前までは「対処行動」ということが多かったのですが、現実的には「行動」だけでなく「認知」による対処も含みますので、コーピング（あるいは対処）というほうが適切でしょう。認知によるコーピングとしては、いやなことは考えないようにする、楽しいことを考えるようにする、といったコーピングがあげられます。ストレッサーが発生しても、それにうまく対処できればストレス反応を引き起こさずに済むことから、コーピングはストレス反応に直接影響を与える重要な要因といえます。

図17 ストレスの捉え方（櫻井, 2021）

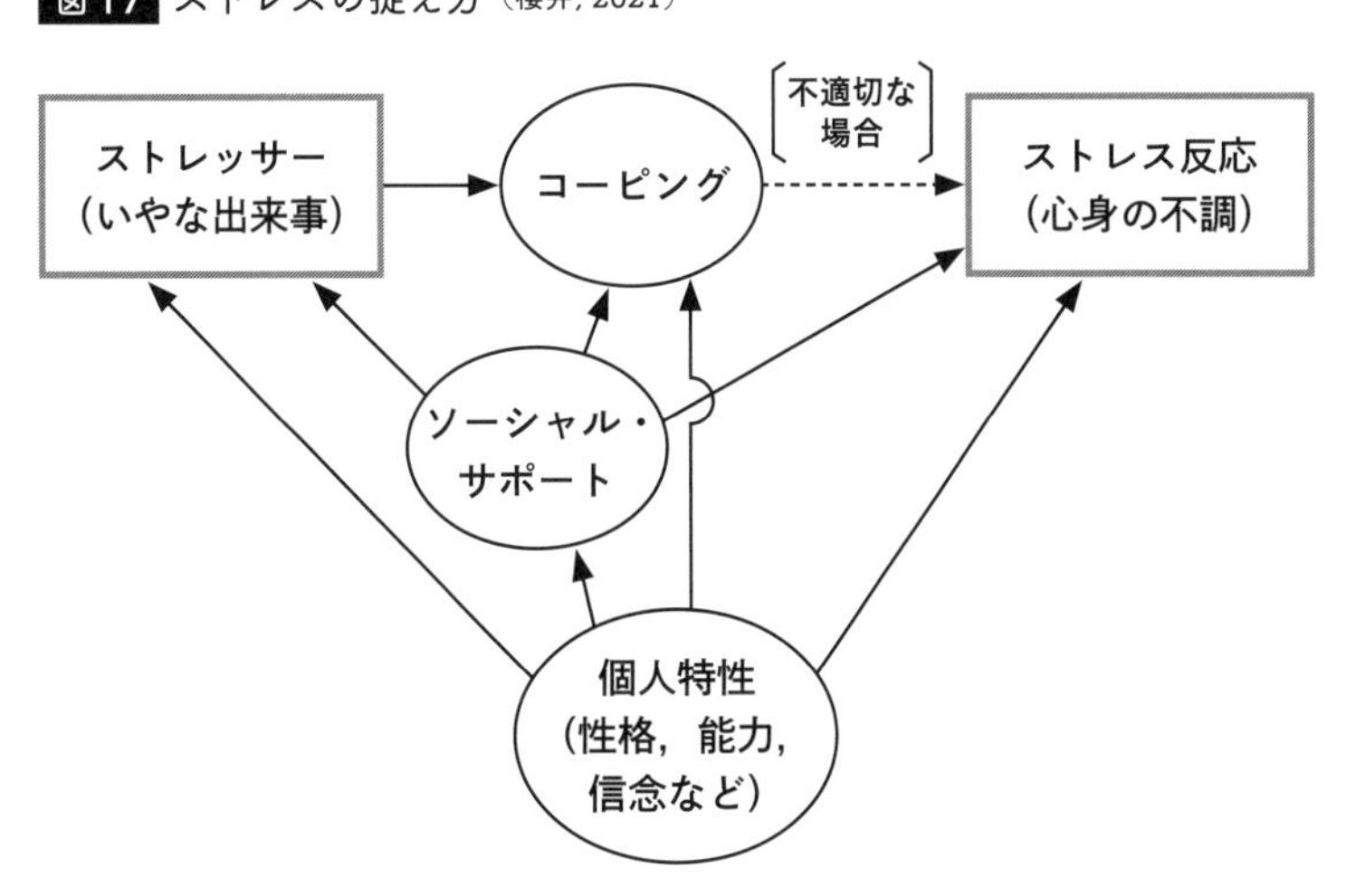

次のようなコーピングが代表的なものです。

① 積極的対処：問題の解決に向けて積極的に取り組むこと
② 思考回避：問題について考えることをやめること
③ サポート希求：周囲の人に援助を求めること
④ あきらめ：仕方がないとあきらめること

このうち、①と③はおおむね適切なコーピングであり、重大なストレス反応にはつながらないと予想されます。②は一時的なコーピングであり、④はどちらかといえば最終的に不適切な結果をまねくコーピングといえるでしょう。

ソーシャル・サポートは、周囲の人たちからサポートされていることです。具体的には、いやなことが起きたときに頼りになる人がいるとか、そうした人に実際に助けてもらうといったことです。実際にサポートしてくれる人が（そばに）いなくても、本人が誰かにサポートしてもらうことができると思えれば、すなわち「ソーシャル・サポート感」があれば大丈夫なこともあります。ストレッサーを重く受けとめることが避けられるため、強いネガティブ感情が生じることは少なく、その分うまく対処できるからです。ソーシャル・サポートには、ストレッサーを重く受けとめない、適切なコーピングができる、生じてしまったストレス反応を軽減する等の効果があります。

三つ目の個人特性とは、その人がもっている個性のことです。具体的には、パーソナリティ

（例：悲観的な性格や楽観的な性格）、能力（例：知的能力や運動能力）、信念（例：効力感や無力感）等が含まれます。これらは、ストレッサーの認知、ソーシャル・サポートのあり方、コーピングのあり方、ストレス反応の程度に影響を与えます。悲観的な性格の子どもの例を考えてみましょう。ストレッサーを感じやすいうえ重く受けとめやすく、自分から援助を求めにくいため、ソーシャル・サポートが受けにくいと予想されます。また、悲観的ゆえに適切なコーピングにも踏み出しにくく、それゆえストレス反応は生じやすく、さらに重くなる可能性もあります。

楽観的な性格であればどうでしょうか。おそらく、これとほぼ反対のプロセスを経ることが予想され、ストレス反応は生じにくくなるでしょう。

こうしたストレスの捉え方を学校や家庭で教えることができれば、レジリエンスは高まると思われます。パーソナリティ特性の劇的な修正はむずかしいので、できるだけ悲観的ではなく楽観的に考えるように支援するとよいでしょう。コーピングでは、適切なコーピングができるようにコーピングスキルの習得を進めましょう。頼りになる人が（そばに）いることが大切なため、子どもの場合には親や教師、クラスメイトがそうなるとよいでしょう。こうしたことがレジリエンスを高めることに特に強く寄与します。

測り方

レジリエンスは次のような質問項目（子ども用）で測定できます。平野（２０２１）を参考にしています。

・つらいことがあっても、少したてば立ち直れます。
・テストですごく悪い点を取っても、しばらくすれば元気になれます。
・クラスメイトや友達とケンカをしても、長く落ち込むことはありません。

他者や社会とかかわる非認知能力

——利己主義や対立、孤立を超えて、「社会的で、自分らしい」生き方・成長を支える力

子どもにとって重要な非認知能力のうち、本章では「他者や社会とかかわるもの」を五つ取り上げます。それらは、第1章の表1（23頁）に示したとおり、「他者信頼」「共感性」「コミュニケーション」「協働性」「道徳性」の五つです。各能力について第4章と同様に、①捉え方、②発達と育て方、③測り方の順に説明します。

他者信頼――信頼関係を広げていく力

捉え方

他者信頼（trust in others）とは、養育者との間に形成される「安定したアタッチメント（心の絆）」によって、養育者（生まれて最初に出会う他者）は自分にとって信頼できる存在であるという思い（基本的信頼［basic trust］ということも多い。他者信頼のベース）が形成され、それが周囲の他者、例えば保育者や教師、仲間等にも拡大したものです。子ども時代に多くの人たちと接するなかで、他者信頼は広がります。

ただし、現実的には信頼できる人とそうでない人もいますので、他者をよくみて形成する必要があります。そのため他者の気持ちや考えを察する視点取得（のちに紹介する「共感性」の一部）も重要となります。また信頼した他者が自分を信頼して相互に信頼で結ばれる「信頼関係」を築くことによって、望ましい人間関係を形成することができます。他者信頼は、他者や社会とかかわる非認知能力のなかでは最も基本的な能力といえます。

発達と育て方

乳幼児期に形成される「安定したアタッチメント（心の絆）」によって、他者信頼の基礎が形成されます。養育者との「安定したアタッチメント」が形成されなかった場合には、自分のことをほんとうに愛してくれる人ができれば、その人に対して基本的信頼（他者信頼のベース）を形成することができます。

幼児期後期から児童期にかけては、他者の立場になって考えることができる「視点取得」の能力が発達しますので、しだいに相手の言動等から、相手が信頼できるかどうかを考えて付き合えるようになります。本来はすべての人が信頼に値すればよいのですが、現実的にはそうはいきません。

親や教師は、子どもを信頼していることを日々の言動によって示すことで、子どもも親や教師を信頼するようになります。こうした信頼感はちょっとした言動でくずれることもありますが、それをリペアするには日々のコミュニケーションが大事です。成長すると子どもは自分のことを思って叱ってくれる親や教師を信頼するようになります。いつもおざなりにほめてくれるだけの親や教師にはほんとうの信頼感は形成されません。

成長するにつれて子どもはクラスメイトを中心とした仲間との間で、信頼関係に基づく友達（関係）を形成するようになります。信頼関係だけではなく相手との相性や話しやすさ等も影響しますが、信頼関係はとても重要な要因です。「親友」と呼べる友達ができると力強く生きられます。無用な孤立や孤独を避けるためにも、信頼関係で結ばれた友達は大事にしたいものです。

測り方

子ども用の質問項目としては以下のようなものが考えられます。

・信頼できる友達がいます。
・いざというとき助けてくれる友達がいます。
・信頼できる先生がいます。
・お父さんやお母さんは自分のことをわかって（理解して）くれていると思います。

共感性　――他者を思いやる力

捉え方

■認知的共感と情動的共感

共感性（empathy：単に「共感」ということも多い）とは、他者を思いやる気持ちのことです。心理学では、状態としての「共感」と、安定した特性（個人差）としての「共感性」を区別し、さらに状態としての共感と特性としての共感性を総称したものを「共感性」と呼びます。

心理学では共感（性）の定義がかなり変化してきました。図18（113頁）をご覧ください。現在では①「他者の存在や感情・考えの変化に気づき」、そして②「他者の立場になって他者の感情や考え等を理解する（視点取得）」という認知的側面（認知的共感）と、それに続く③「他者の感情とほぼ同じ感情を自分ももち（共有し）」、④「他者に対して同情や好感といった感情反応をする」という情動的側面（情動的共感）で構成される複合的な概念となっています。

③と④の情動的共感のプロセスには、他者のネガティブな感情、例えば「悲しみ」を共有し、他者に対して「かわいそう」と思う過程がある一方で、他者のポジティブな感情、例えば「喜び」を共有し、「がんばれ」というような感情をもつ過程もあります。前者は友達が飼い犬の死を悲しんでいるような場面を、後者は友達が短距離走で一等賞を取って喜んでいるような場面を

想像してもらうとわかりやすいと思います。

さて、図18にもあるように、情動的共感の結果として向社会的行動（他者や社会のためになると思われる行動）が生起します。ネガティブな感情に基づく情動的共感のあとには援助行動のような向社会的行動が、ポジティブな感情に基づく情動的共感のあとには応援行動といった向社会的行動が生起するでしょう。読者はすでに気づかれたと思いますが認知的共感は認知能力との関係が強く、情動的共感は非認知能力そのものといえます。従来は情動的共感を共感と称することが多かったこと、さらにその後の向社会的行動（思いやり行動）との関係が強いことから、本書では非認知能力の一つとして位置づけました。

■視点取得への注目

近年はこうした共感のプロセスのなかで、認知能力との関係が強い「視点取得」が特に注目されています。相手の存在や感情・考えの変化に気づかなければことは始まりませんが、始まったとしても相手の立場になって相手のことを考えられなければ情動的共感や向社会的行動にはいたりません。この「視点取得」の力は、他者の

図18　共感から向社会的行動へのおおまかな流れ（櫻井, 2020）

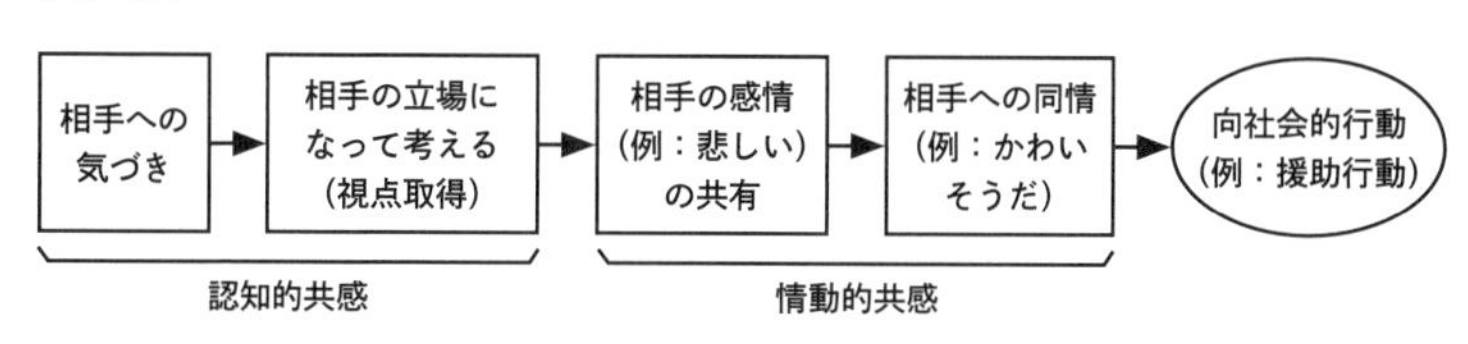

注）□は共感の要素を示す。

心を読むことでもあるため「心の理論（theory of mind）」とも呼ばれます。「視点取得」の力は、認知能力の発達と強く関係します。のちに紹介する「コミュニケーション」「協働性」「道徳性」といった非認知能力でも重要な役割を担います。

「視点取得」を行う背景には何があるのか、という点は大切です。具体的にいえば、その背景に悪意があるのか、それとも善意があるのか、ということです。いずれがあるかによってその後のプロセスが大きく変わってしまいます。悪意が強ければ、他者の心を読み、より効果的に悪いこと（例：他者がより苦しむようないじめや暴力）を行うでしょう。いっぽう善意（心理学では、「向社会（利他）的欲求」や「向社会（利他）性」と称されることが多い）が強ければ、他者の心を読み、より効果的に向社会的なこと（例：できるだけ早く他者の苦痛を取り除くような援助行動）を行うことが予想されます。このような点で、「視点取得」は諸刃の剣といえるのです。道徳性とも関係する問題です。詳しくは櫻井（２０２０）をご参照ください。

発達と育て方

■ホフマンの研究から

共感性研究の第一人者である心理学者ホフマン（Hoffman, M.L.）の発達段階説（Hoffman, 1987、2000）に沿って、その発達と育て方について説明します。彼は発達段階を四つに分けました。

①　全体的な共感の段階（生後1年くらいまで）——生まれてまもない赤ちゃん（新生児）でも、他児が泣くのにつられて泣く現象が起こるため、早い時期から「共感らしきもの」が生まれていると考えられています。少し成長すると、他児が苦しんでいる様子を見て自分が苦しんでいるときにする行動と同じ行動をすることが知られています。例えば生後11か月の女児は、転んで泣いている子を見たとき、自分がそうしたときにするように母親のひざに頭をうずめ親指をくわえて泣き出したそうです。この段階では自分と他者の区別ができていないため、他者の苦痛に直面して、自分のなかに生じた不快な感情と他者の苦痛とを混同してしまうらしく、厳密な意味で共感が向社会的行動を動機づけているかどうかは疑問とされます。

②　自分中心の共感の段階（1〜2歳くらいまで）——自分と他者の区別がつくようになり、他者が苦しんでいることを理解し、他者に同情的な感情（情動的共感）を向け、他者を助

けようとする気持ちが生まれます。しかし、自分の視点でしかものごとが認識できないため、自分の苦痛を和らげるための手段を、他者をなぐさめるために用いるようです。Lewis（２０００）が指摘する共感の萌芽の時期に相当します。例えば生後18か月の男児は、苦しんでいる大人をなぐさめるために、自分のお気に入りの人形を渡すとか、泣いている友達のそばにその子の母親がいるにもかかわらず、自分の母親になぐさめさせようとする、といった行動がみられたそうです。

③ 他者の感情に共感する段階（2〜9歳くらいまで）

——他者の感情や欲求等が自分とは異なる独立したものであることを理解するようになり、すなわち単純な視点取得が獲得され（現在の研究知見では、４歳くらいまでにかなりの子どもが可能となり、７歳までにはほとんどの子どもが可能となります）、自分自身の苦痛ではなく他者の苦痛を和らげるための行動をするようになります。したがって、４歳くらいからは、例えば友達の頭をたたいてしまった子どもに対して、頭をたたかれた子ども（相手）の立場になってその痛さを想像させ、二度としないように言い聞かせることも効果があるといえます。

また、しだいに言葉によって表現された感情を手がかりに他者の感情をより正確に理解して、共感できるようになります（例：うれしくて泣いていることと、悲しくて泣いていることの違いがわかる）。ただし共感は実際に自分が相対している人物にのみ生じるようで、その限界もあります。

興味深い研究があります。浅川・松岡（１９８７）は、小学1、3、6年生を対象に、共感について発達的な調査を行いました。その結果（図19）、①男子よりも女子のほうが共感が高いこと、②相手（仲の良い友達、仲の悪い友達、無教示の友達の3種類）によって共感の程度に違いがあり、年齢が上がるにつれてその違いが大きくなること、③特に仲の悪い友達への共感が低くなること等が見いだされました。成長とともに、共感の発生には援助される人（援助の対象者）の特性が影響するようです。

④他者の一般的な状態に共感する段階（10歳くらいから）——大人と同じように、より一般化された他者に

図19 各学年・条件群別の平均共感得点（浅川・松岡, 1987）

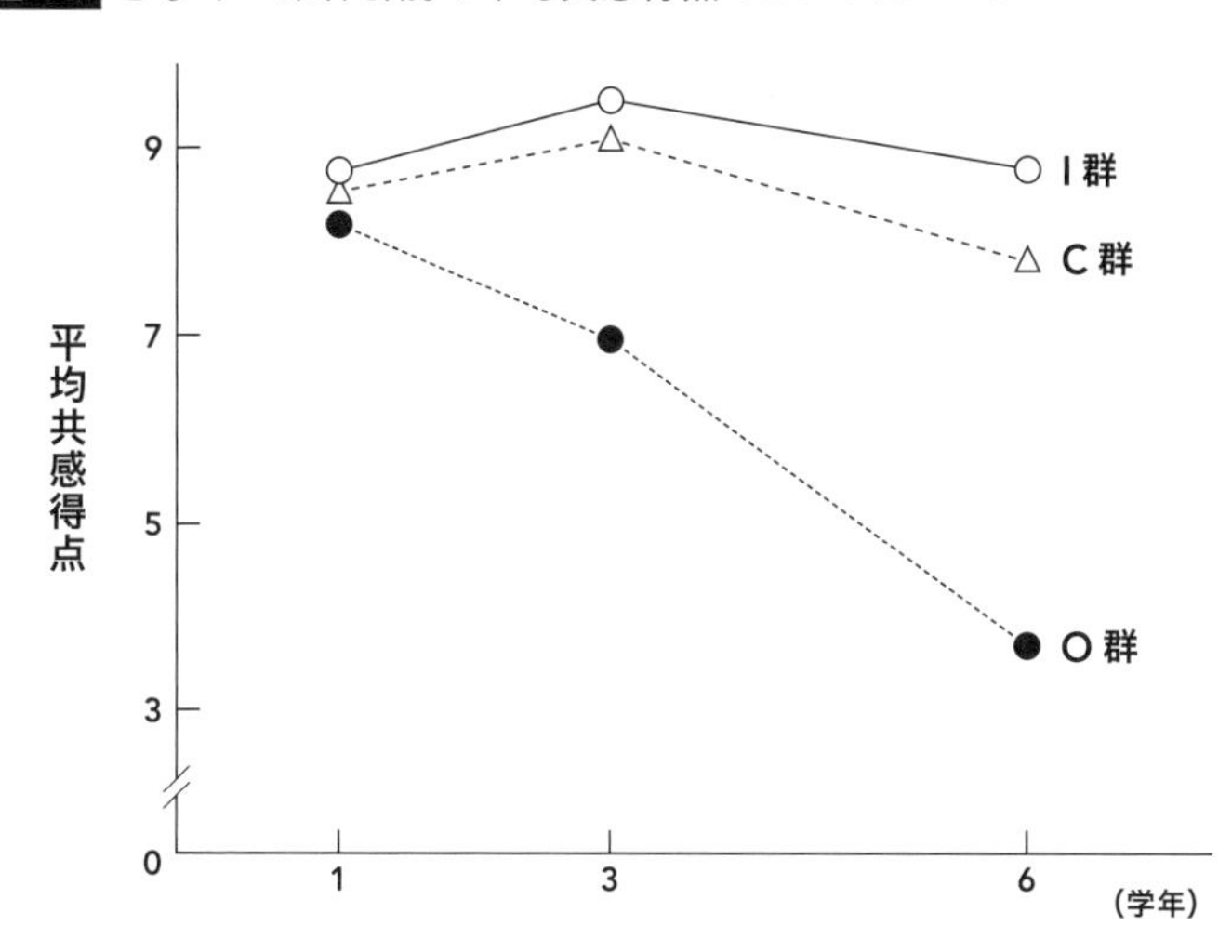

注） I 群は相手が「仲の良い友達」, O 群は「仲の悪い友達」のとき, C 群は統制群。

対しても共感できるようになります。新聞や雑誌を読んだりテレビを見たりして知った海外の貧しい人や戦争の犠牲になった人たちに対しても共感が成立し、援助を行うことができるようになります。その結果、ボランティア活動も活発になります。この時期であれば、共感や向社会的行動等について授業で積極的に取り上げることも効果的です。

■新たな成果から

これまでの研究（例：櫻井、２０２０）によると、以下のようなことも明らかになっています。この時期からは「感謝」が大きな効果を発揮します。援助された人（被援助者）が、感謝の気持ちを援助した人（援助者）に「伝える」と、援助者の共感が高まります。いっぽうで被援助者は感謝の気持ちをもつことによって、自身の共感も高まります。感謝をすること・されることによって、いずれも共感は高まるようです。

自分が「愛する人や信頼する人」には共感的になります。当然といえば当然ですが、誰もがこうした人たちを大事にしたいと思うからです。その意味では前節で紹介した「他者信頼」は共感の育成にも重要な役割を果たします。

さらにもう一つ。自分が「幸福で自己肯定的で有能であると思える人」は共感的だといえます。心にゆとりがあるため、他者のことを気遣う気持ち、共感性が芽生えやすいのです。ただしこうした人間になるためにはそれなりの努力が必要です。一朝一夕になれるものではありません。時間をかけて育てましょう。

「向社会性（向社会的欲求）」といった他者や社会のためになることをしたい、という気持ちが強い人やそうした気持ちを行動で表している人も共感性は高いです。周囲にこうした人がいると、子どもはその人の振る舞いを模倣します。そうした人にあこがれて模倣しやすいともいえます。周囲の大人が模範を示すことが効果的です。

最後に、まずは自分と同じように他者も大事な存在であることを意識させ、自分にとって不都合なことが起きたときには、相手の立場になって相手の感情や考え、欲求等を理解する（視点取得）することで、いじめや暴力といった反社会的な問題行動もかなり防げると思います。

測り方

共感性を測定する子ども用の質問項目としては次のようなものが考えられます。

・困っている人がいるとよく気づくほうだと思います。
・人の表情や行動の変化に敏感なほうです。
・友達が困っているとその友達の立場になって、どうして困っているのかを考えます。
・うれしそうな人を見ると自分もうれしくなります。
・クラスでがんばっている人がいたら応援したくなります。

コミュニケーション――他者との交流を円滑にする力

捉え方

コミュニケーション（communication）とは、他者との意思の疎通や情報の共有をスムーズに行うために必要な力であり、コミュニケーションスキルともいいます。自分からの働きかけと相手からの働きかけがうまくいき、双方向的になったときに成立するものといえます。自分から相手に情報をうまく伝えようとするだけでなく、相手からの情報もうまく受け取ろうとすることが重要です。

コミュニケーションの手段には言語（バーバル）と非言語（ノンバーバル）があります。言語を用いて相手とやり取りをしたり、言語以外の表情や身振り等で言葉にできない微妙な気持ちを伝え合ったりします。相手の感情を読み取るには、ノンバーバルなコミュニケーションが重要なようです。

言語によるコミュニケーションでは①伝える力と②聴く力が、ノンバーバルコミュニケーションでは③伝える力と④読み解く力が重要な要素（スキル）となります。

①については、相手のことをよく考え、伝えたいことをわかりやすく伝えること、②については、相手の話を最後までしっかり聴くこと、③については自分が誠実にコミュニケーション

をしていることを表情や相づち等で知らせること、④では相手の真意を知るために相手の立場になって相手の表情や身振り等から真意を読み解くことが重要となります。

なおコミュニケーションは、「共感性」や「協働性」「レジリエンス」と関係が強いです。上手なコミュニケーションのためには、他者の気持ちを理解しようとする視点取得が必要ですし、コミュニケーションができなければ協働性は成り立ちません。またストレス状況から回復するにはコミュニケーションができないとむずかしい場合が多いでしょう。

発達と育て方

■発達

コミュニケーションならびにコミュニケーションと関係が深い言語および社会性の発達については、以下のようにまとめることができます。

乳児期――養育者との間に「安定したアタッチメント」が形成され、安心して他者とかかわれるベース（他者信頼のベース）ができます。そのためこの時期には、子どもをあやすとそれに喜んで反応してくれます。

2歳くらいまで――一語文（例：「ママ」という一語で、「ママ、そのおもちゃを取って」ということを意味する）、指差し、身振り等で、自分の意思や欲求を伝えるようになります。

二語文（例：「おもちゃ、取って」）を使い始めます。周囲の人、特に仲間への関心が高まり、ごっこ遊びも登場するようになります。

3歳――話し言葉の基礎ができ、大人とは日常的な会話ができるようになります。仲間とのかかわりも増え、近くで同じような遊び（並行遊び）をするようになります。

4歳――仲間との接触が盛んになり、ケンカも増えます。初歩的な視点取得が可能となり、仲間の気持ちが少しずつ読めるようになり、相手の気持ちに配慮したやり取りも始まります。

5歳――集団のなかで自分を意識したり、自分の感情をコントロールしたり、さらには感情の表出までコントロールしたりできるようになります。したがって相手への怒りの感情を攻撃行動で表すのではなく、言葉で表すようにもなります。

6歳――仲間とのかかわりが深くなり、協力や役割分担ができるようになります。いわゆる「協同遊び」が主流となります。相手の気持ちを理解したうえで、お互いに自己主張もするようになります。

以上のように小学校に上がる頃までには、これだけのことが可能になります。すべての子どもが同じように発達するわけではありませんので、その点は注意が必要です。なおコミュニケーション能力の発達は、一般的に女子のほうが早いようです。

■育て方

コミュニケーションの育成では、子どもが自分の意思や欲求を周囲の人に何らかの形で表現しようとする欲求をもっていることを承知していることが大事です。承知していれば親や保育者、教師は子どもとの間に信頼関係を形成し、そうした子どもの欲求に応えてあげることができ、コミュニケーションの発達を促せます。

また、成長とともに仲間への関心が高まりますので、仲間関係ができるような環境を整えることも大事です。ケンカをしても、視点取得の能力が発達してくると、相手の気持ちや欲求を察し、さらに発達してきた認知能力でその状況を理解して、相手と状況に適した対応ができるようになるでしょう。特に10歳以降では、視点取得の能力が十分に発達してくるため、大人と同様の対応が可能になります。

コミュニケーションの発達には、他者のコミュニケーションの仕方をよく観察し模倣（モデリング）することがとても大事です。これは成長してからもいえることです。親や保育者が良いモデルになれるよう努力することが必要です。

測り方

コミュニケーションの力を測定するには、以下のような質問項目（子ども用）が考えられます。

・知り合ったばかりの人ともすすんでおしゃべりができます。
・友達の話は、相づちを打ったりして聞きます。
・ほかの人からいやな要求をされたら、上手に断ることができます。
・困ったり、わからないことがあったりしたら、人に尋ねることもできます。

協働性 ——他者と協力して課題に取り組む力

捉え方

協働性（collaboration）とは、グループやチームのなかで、お互いに協力して課題に取り組む力のことです。他者とうまく付き合える力である「協調性（cooperation）」とは異なります。もちろん他者とうまく付き合うことも必要ですが、他者と協力して課題に取り組めないと協働性とはいえません。利己的にならずに、立場や考えの異なる人とも一緒に協力できることが求められます。

子どもの場合は学校でのグループ学習や部活動等で、大人の場合は職場での仕事や家庭での家事等で協働性が必要になります。チームワークを発揮するには協働性が必要です。その役割としてはリーダーシップとフォロワーシップがあります。リーダーシップの重要性がよく指摘されますが、フォロワーシップもとても重要です。どんなにリーダーががんばっても、フォロワーが協力できなければ協働性は成り立ちません。協働性が発揮されると、一人では解決できなかった問題が解決できたり、一人よりも多くの人の力を結集することでより高い達成ができたりします。他者の活動をつぶさに観察できるため、そうした活動を見習う（モデリングする）ことで協働性を高めることも可能です。協働性は「コミュニケーション」や「共感性」との関係が強い非認知能力です。

発達と育て方

さきの「コミュニケーション」のところでも説明しましたが、4～6歳（幼児期後期）にかけて、簡単な視点取得や協同遊びができるようになりますので、この頃から協働性が機能すると考えられます。したがって小学校時代には協働性がうまく働くようになるでしょう。

協働性を育てるには、まずクラス全体あるいはグループのなかで目的や目標を設定し、それをメンバーが共有する、すなわち納得して受け入れることが大事です。教師が設定した目標でも大丈夫ですが、子どもたちがそれを受け入れ、みんなで目標の達成に向けてがんばろうという気持ちにさせる必要があります。

問題を調べたり課題を解決したりする際は、メンバー間でコミュニケーションが生じます。コミュニケーションのことはさきに紹介しましたのでここで詳しく述べませんが、特に大事なのは、相手の話を相手の立場になってよく聞くことです。そのために視点取得の能力が必要であることは既述のとおりです。また相手の話す内容が多く時間がかかるような場合には、内容を確認しながらメモを取って聞くように指導するとよいでしょう。メンバーの話を聞くだけでなく、自分から提案をしたり反対意見を言ったりすることも必要です。その際にはメンバーにわかりやすく話すことが重要となります。話す内容が多く時間がかかるような場合には、結論をさきに言ってその後は順序よく話すように指導するとよいでしょう。

集団で協力して課題の解決にあたる際はいろいろな考えや発想が提示されますが、そうした考えや発想をまずはメンバー全員で受け入れることが大事です。創造性のところでも説明しましたが、誰もが自分の考えや発想を安心して提案できる環境があると、多くの考えや発想のなかからより良い解決策を見いだすことができます。こうした環境や雰囲気のことを「心理的安全性」ということもあります。メンバー間に信頼関係があることが前提です。

家庭で協働性を培うには、家族の生活を助けるという観点から、手伝いをさせる、旅行の際等には役割を与える、興味があるならボランティアに参加させる等がよいでしょう。

■グループ学習における問題とジグソー学習

グループ学習では協働性が発揮されることを期待するのですが、それがなかなか成功しないという悩みもよく聞かれます。例えば①他児まかせになって誰も意見を言わない、②能力の高い子どもが勝手に作業を進め、ほかの子どもが置き去りにされる、③メンバー間の関係がくずれることを懸念して反対意見を言わないため十分に検討ができないまま結論を出してしまう、④解決に失敗した場合に能力の低い子どもに非難が集中する、等です。

このような問題を解決するために、アロンソン（Aronson, E.）によって開発された学習法が「ジグソー学習（jigsaw method of learning）」です。中山（２０１７）を参考に紹介します。

ジグソー学習では、グループのメンバー全員が教える側にも教わる側にもなることで、メンバーの個人差によって教える側と教わる側が固定しないように工夫されています。すなわちメンバー一人一人が異なる情報をもってグループ活動に参加し、互いに教え合うことによって課題を解決するという手続き（学習方法）が考案されました。

具体的に説明しましょう。図20のように、クラスの子どもたちを数名程度の同人数グループ（ホームグループ）に分け、学習教材もグループの人数と同数のパートに分割します。授業では、まず各ホームグループから各エキスパートグループに一人ずつ代表を送ります。ホームグループのメンバー全員が別々のエキスパートグループに属すわけです。各エキスパートグループには異なる学習教材が割り当てられており、グループ内で協力して学習をします。それぞれの学習教材で専門

図20 ジグソー学習の過程（上野・相川 1981, 中山 2017）

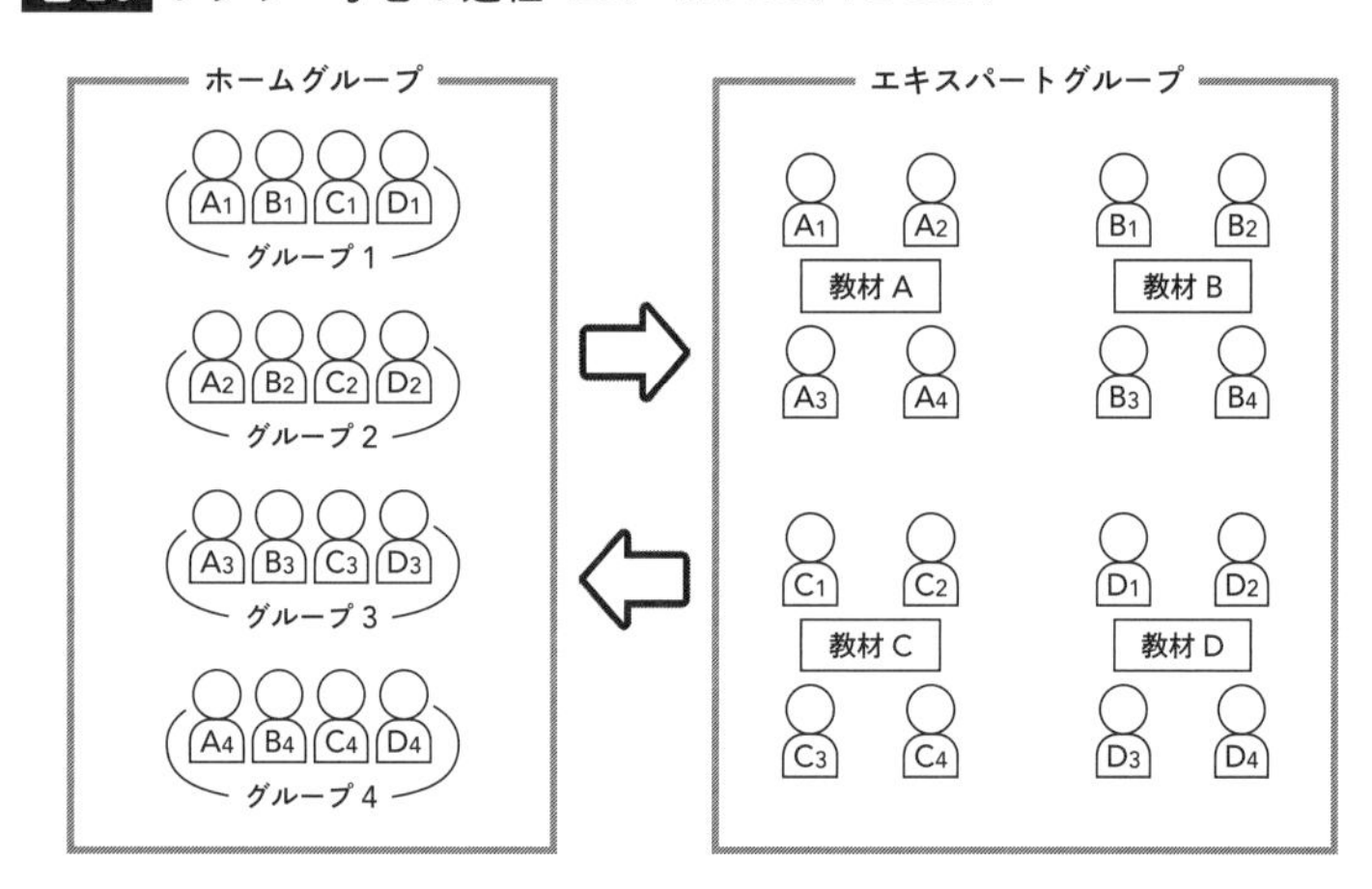

家になった彼らは、その後ホームグループに戻り、メンバーで情報を交換しながら協力してグループとしての問題解決にあたります。このようにすれば、すべての子どもがホームグループの学習に寄与し、グループにとって必要な存在となり、学習への主体性も促すことができます。

測り方

協働性を測定するには次のような質問項目(子ども用)が考えられます。

・みんなで協力して何かをやり遂げることが好きです。
・みんなで一緒にがんばれば、むずかしい課題でも解けると思います。
・みんなで問題にトライするときは、すすんで協力します(すすんでみんなと一緒にします)。
・話し合いでは、誰かが発言したあと、それに対する感想や意見をよく述べます。

道徳性　――善悪をわきまえて、正しく生きようとする力

捉え方

「道徳性（morality）」は、善悪をわきまえて正しいことを行う力です。ただしどちらかといえばルールを守ること（規範意識）を含めて、悪いことをしない力が基本といえるでしょう。道徳性を心理学辞典で調べると、「正邪善悪に関する基本的社会規範に対する個人のかかわりかた。」（明田、１９９４）と定義されており、さきの捉え方と軌を一にしています。続けて「一般に、道徳規範に合致した行動をとれるか否かという行動的側面、行動の可否にともなう満足感や罪障感などの感情的側面、道徳規範や状況の理解にかかわる認知的側面にわけられる。」とあります。

心理学では、こうした認知、行動、感情の3側面のうち、道徳的知識や判断といった認知的側面の研究が多くなされています（坂本、２０１７）。道徳性にはこうしたいくつかの側面がありますが、認知能力との関係も強いといえます。ただし本書では感情的側面や行動的側面を重視し、非認知能力に含めることにしました。

発達と育て方

　子どもの道徳的判断（認知的側面）について、ピアジェ（Piaget, J.）は表4に示したような発達段階を提唱しました。彼によると、0～5歳の「前道徳的段階」の子どもは規則についてはほとんど理解していないといえます。次の5～10歳の「道徳的リアリズム（他律的道徳性）段階」では、子どもにとって規則は両親のような重要な他者によって決められており、善悪の程度は意図ではなく行為の結果によると考えています。10歳以上の「道徳的相対主義（自律的道徳性）段階」になると、より柔軟な考え方ができるようになり、自分で行為の意図に基づいて善悪を判断するようになります。小学校時代に、他律的な道徳判断から自律的な道徳判断へと発達すること、さらに善悪の判断が行為の結果から行為の意図（動機）に基づいて

表4　ピアジェによる道徳性の発達段階（坂本, 2017）

レベル	およその年齢	概要
前道徳的段階	0～5歳	・規則その他の側面をほとんど理解していない。
道徳的リアリズムの段階（他律的道徳性）	5～10歳	・規則は守るべきだと厳格に考える。行為の善悪の程度は生じた結果によって判断される。
道徳的相対主義の段階（自律的道徳性）	10歳～	・道徳的な問題に関して柔軟に考えられる。人それぞれは道徳的な基準が異なっていることを理解する。規則は破られることもあり，悪い行為は必ずしも罰せられないことがわかる

なされることが大きな変化であるといえます。

発達段階はそれほどリジッド（固定的）なものではないため、個々の子どもを対象とした場合には家庭や学校での養育や指導によって発達を促すことができます。もちろん学校での道徳の授業、学校での全般的な指導によって促すことがとても大事です。家庭では親がモデルとなり、子どもがそれを見習うような学習（社会的学習）が生じます。良いモデルであれば良い学習がなされ、子どもの道徳性が促されるでしょう。言葉で教えることも大事ですが、日々の自身の行動が道徳にかなうことが重要です。

小学校に入学以後は道徳の授業をとおして、道徳判断について学ぶ機会も増えます。道徳的な判断、そして強い意志力によって実現される道徳的行動、それに伴う道徳的な満足感、という流れがうまく機能することが大事です。最もむずかしいのは、道徳的な認知からそれに伴う行動を起こすこと。つまり正しいと思ったことを実践することではないでしょうか。そのときに必要なのは正義感です。いじめや暴力行為が増加する傾向にありますので、今後はさらに道徳教育の充実が求められるでしょう。

測り方

道徳性を測定する質問項目（子ども用）としては以下のようなものがあります。道徳的判断、ルールを守る行動、正義に基づく行動、に分けて作成しました。

「道徳的判断」
・いじめはすべきではないと思います。
・人を害することはしてはいけません。

「ルールを守る行動」
・授業が始まる前は、きちんと着席しています。
・クラスにおける当番や役割はきちんと果たしています。

「正義に基づく行動」
・ルールを破った人がいたら、注意をします。
・友達同士のトラブルを見つけたら、注意をしたり止めに入ったりします。
・いじめる人がいたら、注意をしたり先生に伝えたりしてやめさせるようにします。

標準化された心理検査としては、「教研式道徳性アセスメントＨＵＭＡＮ」と「教研式道徳教育アセスメントＢＥＩＮＧ」があります。前者は、「特別の教科　道徳」における道徳科の内容に対応した問題場面を設定し、道徳的判断と道徳的心情を測定する形式となっています。後者では、学校教育全般において道徳性を育てるために、道徳性を支える力とし「共感する力」「振り返る力」「前向きに捉える力」の測定をはじめとして、六つの側面から多面的な測定を行うことができます。

小中学生の非認知能力を育てる

――学びのエンゲージメントが「自ら学ぶ意欲のプロセス」の中で働き、豊かな学びを生み出す

第4章と第5章では、非認知能力の発達とそれに伴う育て方についてまとめました。本章では、小中学校の学校現場での授業・学習過程に焦点を当て、そこで必要な非認知能力の育て方についてまとめます。具体的には、第4章で紹介した「自ら学ぶ意欲のプロセスモデル」に沿って、この学習過程で必要な非認知能力の育て方について紹介します。

【学校で大切な「自ら学ぶ意欲のプロセス」が非認知能力も育てる】

「自ら学ぶ意欲のプロセスモデル」を取り上げる理由

「自ら学ぶ意欲のプロセスモデル」に沿って非認知能力の育て方を説明するのには、おもに四つの理由があります。第一に私がこのモデルの提案者であり学習意欲の研究をライフワークとしてきたこと、第二に自ら学ぶ意欲に基づく学習が「自律的な学習者」に成長するためにとても重要であること、第三にこのモデルのなかには多くの非認知能力が登場するため、このモデルに基づく学習過程に沿って非認知能力を育むことは合理的であること、第四に「主体的に学習に取り組む態度」を子どもの回答結果から測定する「教研式学びのエンゲージメントテストET」が開発されており、このモデルの一部（非認知能力）として紹介し利用できるメリットがあることによります。

ここで、「自ら学ぶ意欲のプロセスモデル」と「学びのエンゲージメント」およびウェルビーイングの関係について説明しておきます。図21（139頁）をご覧ください。

図12（77頁）に「自ら学ぶ意欲のプロセスモデル」が図示されていますが、図21ではその図に「学びのエンゲージメント」がかかわる部分と、このモデルによってもたらされるウェルビーイングを加筆しました。学びのエンゲージメント（簡単にいえば学びへの積極的な取り組み）は、

このモデルの中心部分であり、メタ認知がかかわる部分で生じることを示しています。ウェルビーイングについては、このモデルの最終的な部分である「認知・感情」の積み重ねによって到達する状態として位置づけられています。

この図を参照しながら、「自ら学ぶ意欲のプロセスモデル」の各要因と非認知能力との関係についての説明をお読みください。

■「安心して学べる環境」(学級づくり)と非認知能力

「自ら学ぶ意欲のプロセスモデル」のなかで、非認知能力そのものあるいは非認知能力と強く関係する要因はどれでしょうか。まず枠の外から見ていきましょう。

まず底辺にある「安心して学べる環境」は、わが国の場合、物理的な環境(学習する教室は騒々しくなく、適度な温度や湿度があること等)はおおむね整っていますので、問題になるのは安心して学べる「対人的な環境」です。クラスメイトや教師との良好な関係が中心になるでしょう。非認知能力のなかでおもに関係するのは「他者信頼」と「道徳性」です。

■「情報」(個別の指導・支援)と非認知能力

そうした環境であるからこそ、枠外にあるもう一つの要因である「情報」、すなわち教室場面では教師による授業や個別の指導・支援等が有効に働きます。ただし教師が授業研究をしっ

図21　「自ら学ぶ意欲のプロセスモデル」と学びのエンゲージメントおよびウェルビーイングの関係

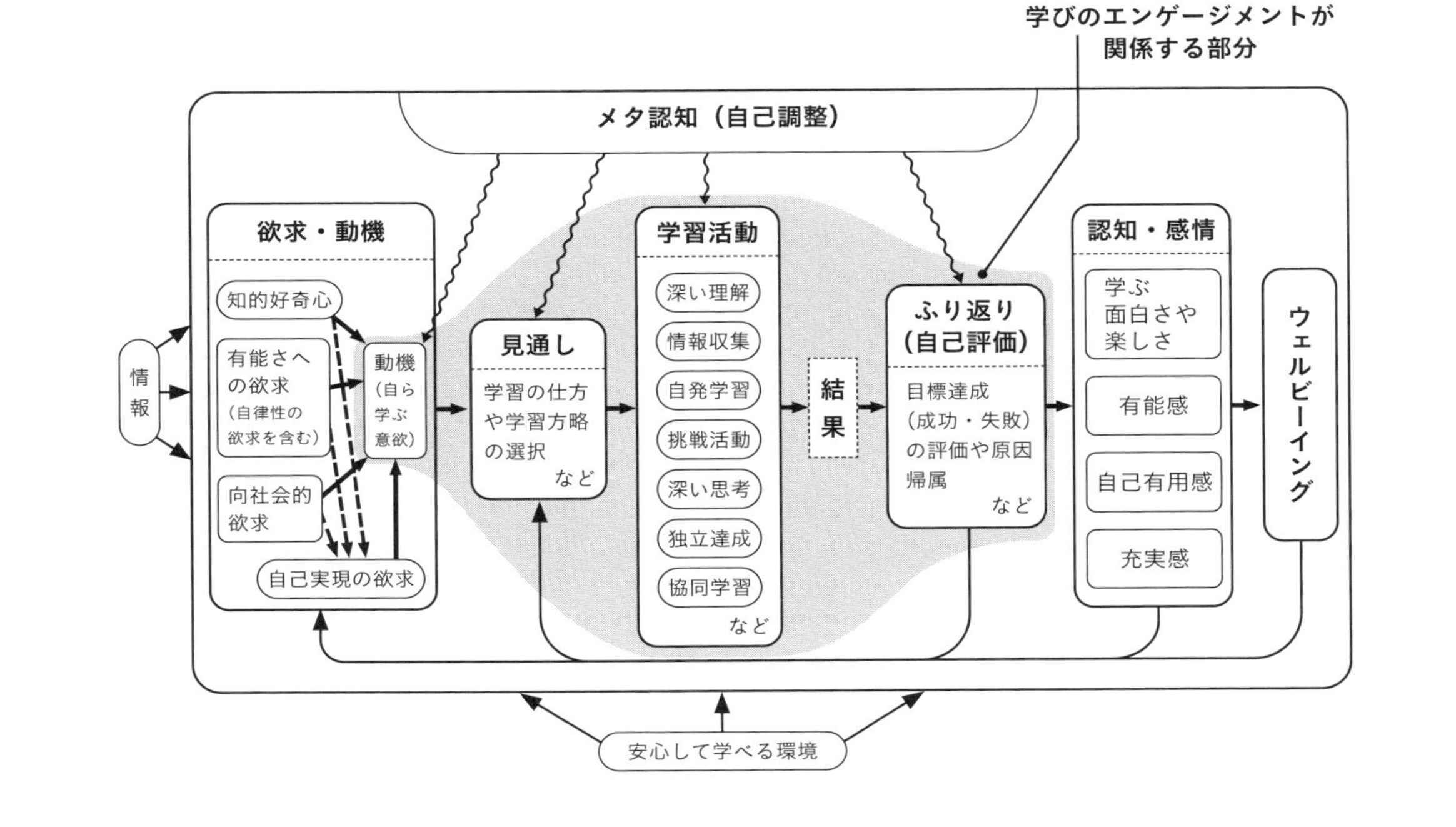

かり行っていることが前提です。

■「欲求・動機」と非認知能力

次に枠内の要因を左側から見ていきましょう。心理的欲求である「知的好奇心」「有能さへの欲求（自律性への欲求を含む）」「向社会的欲求」「自己実現の欲求」は、非認知能力の「意欲」の源になるものです。この図では「自ら学ぶ意欲」の源となっています。心理的欲求が情報等によって刺激され「自ら学ぶ意欲」が生まれます。

■「見通し」と非認知能力

自ら学ぶ意欲が形成されると次の「見通し」ではどのように学ぶか学習の仕方や方略を決めます。非認知能力の「メタ認知」と深く関係します。

■「学習活動」（授業）と非認知能力

枠内のほぼ真ん中にある「学習活動」ですが、多くは認知能力に強く支えられています。なかには非認知能力と関係のある活動もあります。

「情報収集」は他者（教師やクラスメイト等）とのやり取りから情報を入手することが多いため、非認知能力の「コミュニケーション」と関係があります。

「挑戦活動」はむずかしい課題にチャレンジする学習活動であるため、非認知能力の「レジリエンス」との関係が想定されます。

「深い思考」には感性やひらめき、創造的思考等も必要なので、非認知能力の「創造性」と関係が強いでしょう。

「協同学習」には他者との連携が必要であるため、非認知能力の「コミュニケーション」「共感性」「協働性」が関係すると思われます。

■「ふり返り（自己評価）」「認知・感情」と非認知能力

学習結果を経て、「ふり返り（自己評価）」では自分の力で自分の学習を評価し主体的に進めていこうとする力が必要なので、特に非認知能力の「自己制御」と関係します。課題の達成に失敗した場合には、再度挑戦したり、目標を修正して挑戦し直したりする必要があるので、非認知能力の「レジリエンス」も強く関係すると思われます。

最後に到達する「認知・感情」では、「有能感」「自己有用感」「充実感」が非認知能力の「自己肯定」と関係します。

■「メタ認知（自己調整）」と非認知能力

枠内の上方にある「メタ認知（自己調整）」はすでに紹介したとおり、非認知能力の「メタ認知」

と「自己制御」そのものといえます。

このようにみてくると、表１（23頁）にリストアップされた非認知能力のうちのすべてが「自ら学ぶ意欲のプロセスモデル」と関係することがわかります。このモデルがうまく機能するように指導・支援することが非認知能力を育てることになります。「自ら学ぶ意欲のプロセスモデル」の流れに沿って、非認知能力を育てる方法について説明します。

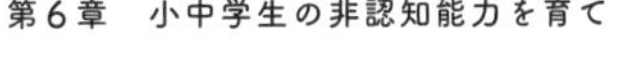

要点1 「安心して学べる対人的な環境を形成する」

信頼形成の前提は安全・安心

誰でも他者と仲よくなりたいという「関係性の欲求」をもっています。これは心理的欲求の一つで、すでに紹介した「知的好奇心」「有能さへの欲求」「向社会的欲求」「自己実現の欲求」とともに、社会生活を送る私たちにとって充足させることが必要な欲求です（例：櫻井、2023a）。

関係性の欲求の場合には、他者と仲よくなり「安心感」が形成されれば充足されたことになります。こうした安心感はどのように形成されるのでしょうか。それは周囲の他者と仲よくなり、他者を信頼できるようになったときに生まれると考えられます。他者を信頼すること、すなわち非認知能力の「他者信頼」が大事です。他者信頼が育てば、授業・学習場面でわからないことや悩みごとを教師やクラスメイトに相談することができます。また自分がどのような発言をしても周囲の人たちから非難されることはないという気持ち、いわゆる心理的安全性が確保されます。他者信頼こそ、安心して学習をすることができる環境をつくるのです。

どのように安全・安心を高めるか

このような他者信頼によって安心して学べる教室環境をつくるには、第一に教師がクラスの子どもを信頼することが大切です。教師が子どもを信頼すれば子どもも教師を信頼するようになります。教師と子どもの間に信頼関係ができれば、子どもたちは教師との信頼関係をベースにして、子ども同士の信頼関係を築ける学級風土ができるはずです。

「構成的グループエンカウンター」を行うこともおすすめします。特に年度はじめには新しいクラスが編成されることが多いため、新しいクラスメイト同士の信頼関係を形成するには適切な方法ではないでしょうか。國分（２００４）等を参考にして実施してください。

信頼関係の構築を目的とするような「クラス目標」を設定するのも効果的です。例えばクラスメイト同士で助け合うような目標（例：みんなで協力して芸術祭を成功させよう）を設定するのも一つの方法です。

安心して学べる教室環境には、クラスの規範（ルール）を守ることも大事です。日頃から遵守するように指導しましょう。

「魅力的な授業で心理的欲求を刺激し、自ら学ぶ意欲の形成につなげる」

学習意欲の前提となる心理的欲求を理解する

自ら学ぶ意欲（非認知能力の「意欲」そのもの）を育むには、授業、特にその導入部分（「情報」の一部）で、子どもの心理的欲求である「知的好奇心」「有能さへの欲求（自律性への欲求を含む）」「向社会的欲求」「自己実現の欲求」を刺激することが大事です（第4章参照）。四つの心理的欲求のうちのいくつかが刺激され、自ら学ぶ意欲（内発的な学習意欲、達成への学習意欲、向社会的な学習意欲、自己実現への学習意欲）のいくつかが形成されれば、子どもはその後の授業に積極的にかかわることができます。こうした点で教師は授業研究を行い、子どもにとって魅力的な授業、すなわち興味関心を喚起するような授業を行う必要があります。

どのように心理的欲求を刺激する授業をつくるか

子どもの興味関心の矛先、心理的欲求の強さは多様です。ある子は教師のてこの話を面白いと思い（知的好奇心が刺激され）、実験をして確かめてみたい（内発的な学習意欲）という目標をもつかもしれません。別の子は、地球環境の悪化の話を聞いて、その解決が自分の将来の仕事だと思い（自己実現の欲求が喚起され）、今回は脱炭素の問題に挑戦してみたい（達成への学習意欲）と考えるかもしれません。

一回の授業ですべての子どもに自ら学ぶ意欲を形成することはむずかしいともいえます。何回かの授業をとおして多くの子どもに自ら学ぶ意欲を形成していければ、よしとしましょう。

「自ら学ぶ意欲からふり返り（自己評価）の過程が、スムーズに進むように支援する」

学習のプロセスを捉えて支援する

この部分は、自律的な学習者になるために重要な「メタ認知」や「自己制御」の非認知能力が関係する過程です。それらの基本的な育て方については第4章を再読してください。ここでは非認知能力が機能するようになる少し前から教師が行う働きかけについて紹介します。

■自ら学ぶ意欲を形成する

「自ら学ぶ意欲」の形成で大事なことは、その子にとって適切な目標をもつことです。それぞれの子どもがこの程度なら達成できるという目標をもてるように指導しましょう。何回か行っているうちに、子どもはどの程度の目標がよいのか、がわかってくるはずです。

教師としては、その子のこれまでの出来栄えを参考にして、がんばればできる程度の目標すなわち70％くらいの確率で達成できそうな目標を、子どもがもてるように支援するとよいでしょう。成績の良くない子どもは往々にして、むずかしすぎる課題ややさしすぎる課題、すなわちできなくてあたりまえ（否定的な評価はされない）あるいはできてあたりまえ（ある程度はほめてもらえる）といえるような課題を選択しがちです。これでは十分にがんばれません。適切な課題を選択することがその子のがんばりにつながります。

■見通しをもって学習活動を展開する

目標がもてたら、どのように学習を進めたらよいのかといった見通しをもつことが大事です。例えば一人で解決できないような課題であれば、クラスメイトと協力（共同）することも一案です。すなわち「協同学習」をすることになるでしょう。この場合には否が応でも非認知能力の「コミュニケーション」「共感性」「協働性」が必要になります。なお「共同」は力を合わせることで、「協働」は同じ目的のために力を合わせることです。したがって「協同学習」は「協働」学習の場合が多いといえます。

共同学習では、相手（クラスメイト）の意見をよく聞き相手の立場を理解したうえで、自分の考えも率直に話すこと、各自の良さが生かせるように作業を分担すること等が大事です。まとめ役を決めておくと比較的うまく進みますが、まとめ役は固定されないように工夫する必要があります。

多くの場合はその前に「情報収集」が必要かもしれません。クラスメイトとの関係がよい教室（安心して学べる教室：他者信頼のある教室）ではそうしたことも可能でしょう。もちろん、非認知能力の「コミュニケーション」も大事です。グループ学習であれば、分担をして情報収集をする、各自が情報収集の結果を発表しグループ全体の理解を図る、課題がある場合はその解決に向けて話し合いを行う、といった過程を積み重ねることによって「コミュニケーション」が上達します。

なかには一人で学びたいという子どももいます。その場合には一人で学ぶこともOKですが、孤立してしまわないように注意が必要です。こうした子どもは「深い思考」によって課題に「挑戦（活動）」し、ユニークな解決策を見いだすことが期待できる活動を行うことで非認知能力の「創造性」の育成につながります。自分のひらめきや新しいアイディアを大事にするように支援しましょう。

課題がうまく達成できないときには、教師がすぐさま助言するのではなく、子どもが自分から教師やクラスメイトに相談するように（自律的な援助要請ができるように）支援することが大事です。いつまでも教師に依存するのではなく、自分で対処していく力が必要です。これが「自己制御」や「レジリエンス」の育成につながります。

■ふり返り（自己評価）をていねいにする

学習活動によって目標がほぼ達成できれば、ふり返り（自己評価）ではまず成功を感じます。なかには完璧（１００％）な達成でないと成功を感じないという子どももいます。そのときは「ほぼ成功」であり、次回はこうすればなおいっそう良い成果につながることを伝えるとよいと思います。できたところまでを確認してその部分をほめ、できなかった部分は次回の課題とする、という姿勢が大事でしょう。

成功・失敗の原因を何に求めるのか（原因帰属）ということも大事です。成功は自分の努力や能力に、失敗はおもに自分の努力不足に求める（帰属する）と、成功の場合には成功感のほかに有能感、自己有用感、充実感を生みますし、失敗の場合には失敗感はあるものの、次回はいっそう努力しようという意欲につながります。「レジリエンス」を高めることにつながることも確かです。

「失敗は成功のもと」といいますが、失敗経験が次の機会の成功につながるとか、今後の成長に役立つ、とポジティブに捉えることができればがんばりは続きます。失敗経験は次の機会の失敗を暗示しているとか、自分の将来に悪い影響がある等とネガティブに捉えるとがんばりは続かないでしょう。前者に基づく声かけが大事です。

■「有能感」等を感じると同時に心理的欲求が充足される

目標が達成されることで、心理的欲求が充足されます。具体的にいえば、知的好奇心には「学ぶ面白さや楽しさ」、達成への欲求には「有能感」、向社会的欲求には「自己有用感」、自己実現の欲求には「充実感」がほぼ対応し、そうした認知や感情が生まれると心理的欲求が充足され、心理的欲求は高くなったり維持されたりします。「有能感」「自己有能感」「充実感」は非認知能力の「自己肯定」と関係し、それを高めます。一人で課題が達成できたこと、クラスメイトと協力したりクラスメイトを助けたりしたこと、自分の将来の目標の達成に向けて進んでいること等をほめてあげるのもよいでしょう。中学生くらいになると、あからさまにほめられるよりも、何気なくほめられるほうがよいかもしれません。なお心理的欲求の知的好奇心だけは課題（目標）が達成されなくても、学習活動を通して「学ぶ面白さや楽しさ」を感じることができます。

自分で目標を設定して「自ら学ぶ意欲」が形成され、見通しをもって学習活動が展開され、その結果に基づいてふり返り（自己評価）をするという一連の過程が、「メタ認知」と「自己制御」によってコントロールできるようになると、その子は自律的な学習者になった（なってきた）といえるでしょう。そうなるまでは、このメタ認知や自己制御の機能を教師が担うか、教師が支援し補助することが必要です。教師の支援の仕方から、子どもは徐々に自分でコントロールして学習することを習得するはずです。子どもは教師や親が思っている以上に賢いと思います。

■自己理解は「メタ認知」や「自己制御」と関係する

二次性徴が始まり改めて自分について考える時期、すなわち思春期（小学校高学年から中学生くらい）には自己理解が深まります。この時期に子どもは、信頼できる他者の意見や自己観察・自己省察等によって自己理解を深めると同時に、学習の多様なやり方（特に学習方略：メタ認知的知識）を習得し、その自己理解に基づいて自分に適した学習のやり方を実践する（メタ認知的活動）ことができるようになります（第4章参照）。このように思春期以降、自分の学習過程を自分でうまくコントロールできるようになれば、成績は向上し安定します。

思春期には自己理解に基づいて「将来目標」をもつようになります。総理大臣になりたい、アインシュタイン（Einstein, A.）のような科学者になりたい等。まだ萌芽的な将来目標ではありますが、自己実現の欲求の具体的な現れ（自己実現への学習意欲：非認知能力の「意欲」）といえます。その後、こうした将来目標は自ら学ぶ意欲のなかでも中核的な意欲と関係し、子どもの学習活動を推進します。子どもがもつ将来目標を大切にしましょう。将来目標は「希望そのもの」だと思います。

どのように学びのエンゲージメントを捉えるか

■教研式学びのエンゲージメントテストETとは

学力（評価）の三要素の一つである「主体的に学習に取り組む態度」は、意欲に関係する非認知能力の一つです。学校では教師が評価することになっていますが、本来は子ども自身が自分の態度をモニターし、自覚的により良い方向にチェンジできることが望ましいと考えられます。すなわち子ども自身による自己測定・自己評価とそれに基づく自己調整が重要といえます。それを可能にするのが、以下で紹介する「教研式学びのエンゲージメントテストET」です。

「主体的に学習に取り組む態度」は「自ら学ぶ意欲のプロセスモデル」においては、動機（目標の設定）→見通し→学習活動→（結果を経て）→ふり返りの部分（図21（139頁）参照）で測定・評価することができます。櫻井（2020）は、ワーク・エンゲージメント（work engagement）の研究を参考に「学びのエンゲージメント」を着想し、これを「学びへの積極的な取り組み（あるいは取り組み方）」と定義しました。学びのエンゲージメントは「主体的に学習に取り組む態度」とほぼ同義であり、「学びのエンゲージメント」をもとにして「主体的に学習に取り組む態度」の新しい測定方法が考案されました。そしてこのたび、子どもの回答から「主体的に学習に取り組む態度」を測定する「教研式学びのエンゲージメントテストＥＴ」が開発されました。

■ＥＴは何を測定するのか

ＥＴは４種類のエンゲージメント（学びのエンゲージメントを用いて測定される「主体的に学習に取り組む態度」のこと）と、それらと密接に関係する①各教科への自信や自己効力感、②学習スキル、③失敗場面の原因帰属、④学習や生活面等での悩みごと、が測定できるように設計されています（櫻井、２０２３ｂ・ｃ参照）。④を除く要因の関係はあとで説明する図22（１５７頁）に示されています。

４種類のエンゲージメントは、中心にある「コンピテンス」（自己効力感とそれを支える各教科への自信：図21（１３９頁）の有能感、自己有用感、充実感とおもに関係する）を取り囲むように位置づきます。エンゲージメントがうまく働き、学習目標が達成されればコンピテンスは高まり、そのコンピテンスは回りまわってエンゲージメントを支えます。学習スキルは「自己調整」のエンゲージメントを支え、失敗場面の原因帰属は「粘り強さ」のエンゲージメントと関係します。コンピテンスが極度に低下すると無力感等の悩みごと（櫻井、２０２１）が発生します。

４種類のエンゲージメントとは、①認知的エンゲージメントとしての「自己調整」（例：問題の解き方を工夫している)、②感情的エンゲージメントとしての「興味・楽しさ」(例：学校での学習は面白い)、③社会的エンゲージメントとしての「協働性」(例：クラスメイトと協力して学習している)、④行動的エンゲージメントとしての「粘り強さ」(例：粘り強く学習している)です。エンゲージメントの名称はできるだけわかりやすいものにしています。

このなかで「自己調整」と「粘り強さ」は文部科学省も強調している要素です。「興味・楽しさ」は幼少時から大人まで学習場面では最も基本的なエンゲージメントで、おもに内発的な学習意欲に基づきます。「協働性」は文部科学省が推進する「協働的な学び」を実現するために重要なエンゲージメントです。

■心理検査としてのETの特徴

おもに五つの特徴があります。一つは「主体的に学習に取り組む態度」を「学びのエンゲージメント」によって子どもの回答から「自己調整」「興味・楽しさ」「粘り強さ」「協働性」として体系的に測定できることです。文部科学省が強調している「自己調整」と「粘り強さ」という態度も含みますので、評価のための資料としても役立ちます。

二つ目は「学習スキル」や「失敗場面の原因帰属」等を測定するので、後述するように育て方にも直結していることです。これは大きな強みです。

三つ目はCBT(Computer Based Testing)を採用しているため、子どもがタブレットやパソコンに向かい、15分程度(44項目)回答するだけで、「主体的に学習に取り組む態度」等の学習意欲に関係する重要な情報がすぐに得られることです。

四つ目は学びのエンゲージメント得点が高いと、学力（評価）の二つの観点である「知識・技能」および「思考・判断・表現」に基づく標準学力検査の得点が高いことです。これは本検査の妥当性が高いことを示しています。「主体的に学習に取り組む態度」の評価はほかの2観点の状況と大きな差は出ないとした文部科学省の見解とも一致しています（文部科学省、２０１９）。

五つ目はワーク・エンゲージメントの研究を基礎にしているため、学びのエンゲージメントが高ければ、成長し大人になっても仕事に積極的に取り組むこと（ワーク・エンゲージメントが高いこと）が期待できることです。将来を予測できる検査といえるでしょう。

どのように学びのエンゲージメントを育てるか

■方法1「学習スキルとの関係で育てる」

学習スキル（図22）は、認知的エンゲージメント「自己調整」における①見通しをもつこと、②学習活動のやり方を工夫すること、③ふり返りをすること、という三つのステージ（学習のはじめ、最中、おわり：図21、１３９頁）におけるスキルを測定します。それゆえ「自己調整」のエンゲージメントが低い場合には、この学習スキルを点検し、習得・調整することで高めることができます。もちろんメタ認知能力の育成にもつながります。メタ認知に関する知識に基づいて、教師が丹念に指導することも可能です。

■方法2「失敗場面の原因帰属との関係で育てる」

失敗場面の原因帰属（図22）は、行動的エンゲージメント「粘り強さ」と関連し、失敗の原因を努力（がたりなかったこと）に求めると「粘り強さ」は高まったり持続されたりしますが、おもに能力（がないこと［努力しても能力は伸びない、との考えをもつ子どもの場合］）に求めると「粘り強さ」は失われやすいといえます。これはすでに説明したとおりです。失敗場面の原因帰属を修正することで「粘り強さ」

図22 教研式学びのエンゲージメントテストETの構造図

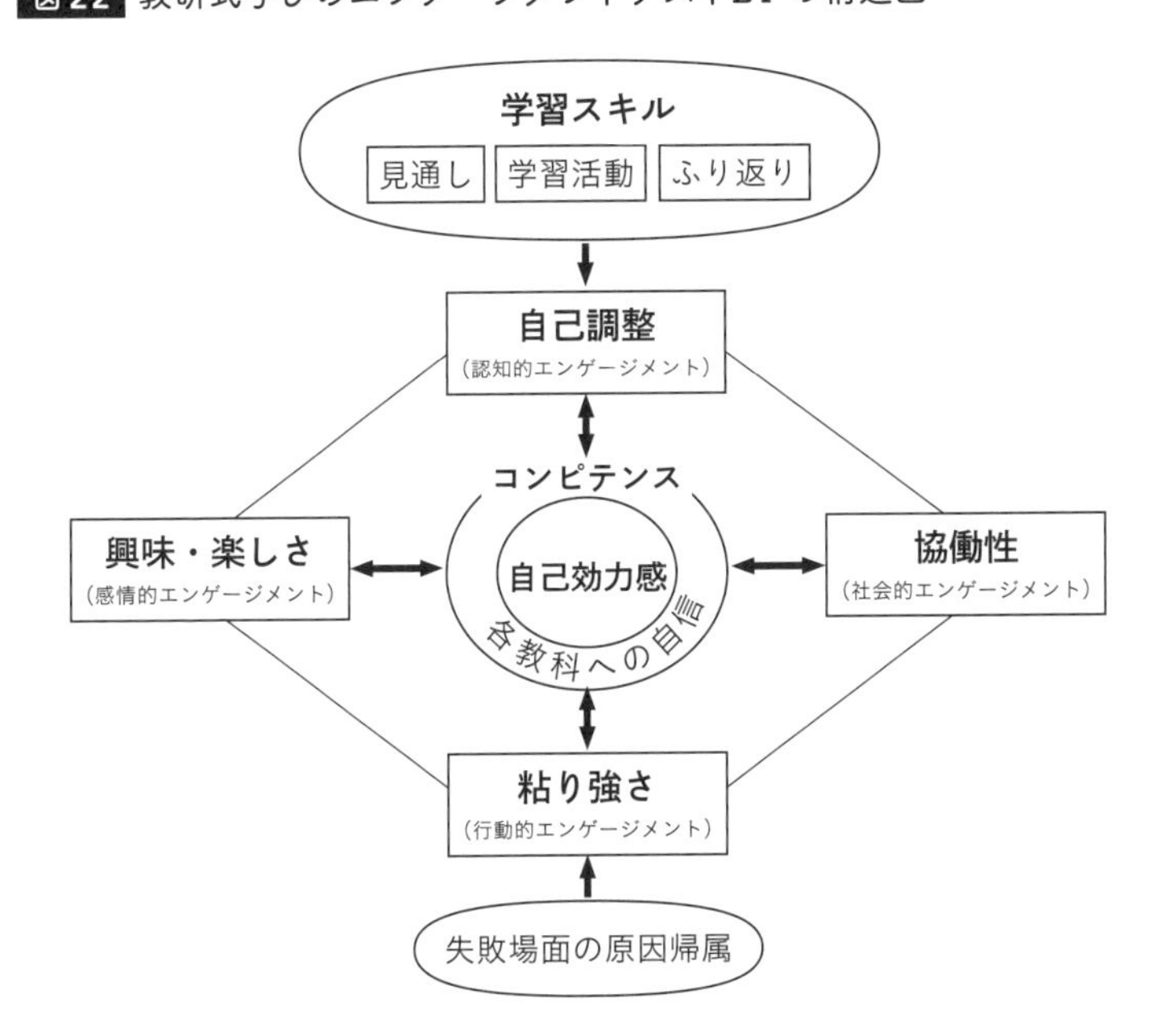

を育てることができます。また「失敗は成功のもと」のような考え方を自分の体験とともに話すことも効果的であるように思われます。

■方法3「「自ら学ぶ意欲のプロセスモデル」に基づいて育てる」

感情的エンゲージメント「興味・楽しさ」を育てるには、子どもが授業に興味関心がもてるようにすること（図21（139頁）の「情報」に配慮すること）、特に子ども自身がその授業に興味関心がもてるように、自身の本来の興味関心とつなげるように工夫させることが大事ではないでしょうか。

社会的エンゲージメント「協働性」を育てるには、子ども同士が助け合うことのすばらしさを体験できるようにすること（図21の「学習活動」のうちの「協同学習」を促すこと）や、子ども自身がより高度な課題解決をするために、一人で課題を解決する場合と協働で解決する場合の違いについて考えさせること、等が大事です。

行動的エンゲージメント「粘り強さ」を育てるには、目標が達成できる経験（成功経験）を積み、コンピテンスの中核である自己効力感を高めること（図21の「認知・感情」のうちの「有能感」がそのもとになるため、これを経験させること）や、子ども自身で努力の必要性やすばらしさを認識できるようにすること等が重要となります。

認知的エンゲージメント「自己調整」を育てるには、さきの学習スキルの習得を含め「メタ認知（図21の上方に登場するもの）」（例：伊藤、２０１２）や、「自己制御（自分の学習過程を自分でコントロールする力：図21の上方に登場する「自己調整」）」（例：森口、２０１９）を伸ばすことが大切です。

■方法4「将来の目標をもつことで育てる」

小学校高学年くらいからは、積極的に自分を見つめ、自分の長所・短所、適性、興味、個性等を知り、そうした「自己理解」に基づいて将来の目標をもつことが、自己実現の学習意欲（図11（73頁）を喚起し、長期的な「学びのエンゲージメント」を形成・維持するためにとても重要です。教師はこれを支援するとともに、子ども自身は将来目標の達成に伴う喜びを想像できるとよいでしょう。

コラム❷

教研式 学びのエンゲージメントテストET 小学校用・中学校用

学びのエンゲージメントテストETについて

教研式学びのエンゲージメントテストETは、コンピュータ端末で実施するCBT専用検査です。児童生徒の現在のエンゲージメント（学習への積極的な取り組み）や学習スキルの状態が把握でき、主体的に学習に取り組む態度を確認することができます。児童・生徒の学習に対する意欲向上や学力向上に生かすための資料が得られます。

本検査の結果帳票には、「クイックシート」と「本帳票」があります。「クイックシート」は実施後すぐに簡易的な集計を確認することができます。いっぽうで「本帳票」として、統計的な検定が必要な全国との比較等も含めた集計や児童・生徒用の個人票が準備されています。

実施対象

小学校は4年生から6年生まで、中学校は1年生から3年生までを対象としています。年間に複数回の実施が可能で、前回の結果も表示されます。

結果の利用について

■エンゲージメント

次の四つのエンゲージメントについて、学級全体の結果や、児童生徒の個人の結果を把握することができます。

・「興味・楽しさ（感情的エンゲージメント）」
・「自己調整（認知的エンゲージメント）」
・「粘り強さ（行動的エンゲージメント）」
・「協働性（社会的エンゲージメント）」

■学習スキル

学習における「見通し」「学習活動」「ふり返り」の三つのスキルと、その総合について把握し、それぞれのスキルの習得のようすを確認することができます。

■その他わかること

教科の自信度、自己効力感、原因帰属、悩み

図23 学級のようす（「本帳票」より一部抜粋）

			平均得点 学級	平均得点 全国	全国比	全国比のグラフ（70〜130）
エンゲージメント	興味・楽しさ（感情的）	今回	11.5	11.4	101	
		前回				
	自己調整（認知的）	今回	11.3	11.9	95	
		前回				
	粘り強さ（行動的）	今回	10.9	12.0	91	
		前回				
	協働性（社会的）	今回	12.5	12.7	98	
		前回				
学習スキル	見通し	今回	12.1	12.3	98	
		前回				
	学習活動	今回	11.9	12.2	98	
		前回				
	ふり返り	今回	10.8	12.3	88	
		前回				

（全国＝100）

など、意欲的な学習活動を行うために踏まえておくとよい点についても確認することができます。

子ども主体の学びとET

ETでわかる学級のようすをもとにして、子ども主体の学びの活性化（主体的・対話的で深い学びの授業改善）に向けた手だてを検討することができます。

■学級のようすが「学びのエンゲージメント【高】×学習スキル【高】」の場合

毎日の授業や家庭学習に対する動機づけが高く、子どもたちの取り組み方は積極的で協働的な状態と考えられます。グループでできる挑戦的な課題（学習活動）に取り組ませたり、自由度の高い学習活動にも取り組んでいけます。

■学級のようすが「学びのエンゲージメント【中】×学習スキル【中】」であるが、特定の領域に課題のある場合

図23（161頁）の結果例からは、子どもたちが興味・関心をもって楽しく学習しているという良い面を読み取れます。いっぽう粘り強く学習していく態度に課題がありそうです。また、学習スキルの三つの領域をみると、ふり返りの全国比の低さが目立っています。こういった特徴を理解し日常の観察と重ね合わせて、具体的な手だてを検討することが必要となります。例

えば達成感の高い課題に取り組ませ、達成できたことをふり返ることで自信が付けば、徐々に粘り強く取り組むこともできるでしょう。

■学級のようすが「学びのエンゲージメント【低】×学習スキル【低】」の場合

毎日の授業や家庭学習に対しての動機づけが低く、取り組みも定着していない状態です。自由度の高い学習活動に取り組ませても、目標面や感情面、スキル面のサポートなしでは、学力の個人差も広がる一方です。子どもたちの動機づけを高めることが最優先といえます。ある程度、型に沿った取り組みやすい学習活動を、積み重ねていくことが大事です。

あとがき

本書はいまから2年ほど前に企画したものですが、なんやかんやで取りかかりが遅くなり、実際に執筆に入ったのは２０２３年に入ってからだったと思います。したがいまして、執筆に要したのは1年と少しです。私にしては早いほうです。読みにくい箇所も多かったかもしれませんが、最後までお読みいただけましたでしょうか。そうであれば、大変うれしくそしてありがたく思います。内容についてはどうだったでしょうか。ご理解いただけましたでしょうか。もし疑問な点や不明な点等がありましたら、何なりとご質問ください。

非認知能力全般についての本を一人で書き上げることは無謀であったかもしれません。ただ、私の専門が動機づけ心理学であり、動機づけ（意欲）は非認知能力の典型であること、さらに共感性や自己肯定・他者信頼といった非認知能力についても多少研究をしていたこと等の理由により、挑戦してみる価値はあるのではないかと考え踏み出した次第です。その結果（本書）が価値のあるものになったのかどうか、これは読者のみなさまに判断していただくしかありません。いま読んでみると、専門でない部分の記述に力不足を感じます。

また発達心理学の立場から、子どもにとって大事な非認知能力を11個厳選しましたが、この選択でよかったのか、さらに非認知能力同士の関係、認知能力と非認知能力の関係、認知能力と非認知能力等が学力（学業達成）やウェルビーイングに寄与するプロセス等を模式図にしてみましたが、これらは妥当か等については検討する余地を大いに残しています。ただ、こうしてわかりやすい図にして読者のみなさまに提示することで、非認知能力についての理解が進み、より良い考えが生まれたり、研究が進んだりすることは期待できると信じています。

本書が教育に携わる方々、教育や心理の研究者、さらには保護者あるいは少し大きくなった子どもたち（高校生や大学生）にとって、教育・研究・自己理解・自己成長等の面でお役に立てればまことに幸いです。

何はともあれ執筆が終わりホッとしています。執筆を支えてくれた妻の登世子にはどれくらい感謝をしても感謝しきれません。ものすごく散らかっている書斎を見ても、いつもどおり、にっこり笑って見過ごしてくれたこと。お陰で、ゆったり？した気持ちで執筆ができました。執筆が進まず愚痴るようになると、とってもおいしいケーキと紅茶で気持ちを和らげてくれたこと。感謝です。

最後になりましたが、本書の出版を快くお引き受けいただきました図書文化社の則岡秀卓社長、編集の労をお取りいただいた同社出版部の佐藤達朗氏、元出版部の大木修平氏に心より感謝申し上げます。

２０２４年５月
櫻井茂男

引用・参考文献

▼第1章

OECD（2012）. *Better skills, better jobs, better lives: A strategic approach to skills policies.* OECD Publishing.

OECD（2015）. *Skills for social progress: The power of social and emotional skills.* OECD Publishing.

ベネッセ教育総合研究所（企画・制作）無藤隆・秋田喜代美（監訳）（2018）. 社会情動的スキル――学びに向かう力　明石書店.

小塩真司（編著）（2021）. 非認知能力――概念・測定と教育の可能性　北大路書房.

国立教育政策研究所（2017）. 非認知的（社会情緒的）能力の発達と科学的検討手法についての研究に関する報告書.

櫻井茂男（2020）. 思いやりの力――共感と心の健康　新曜社.

外山美樹（2023）. 非認知能力の発達　櫻井茂男（編著）改訂版 たのしく学べる最新発達心理学――乳幼児から中学生までの心と体の育ち　図書文化　pp.87-100.

中央教育審議会（2016）. 幼稚園、小学校、中学校、高等学校及び特別支援学校の学習指導要領等の改善及び必要な方策等について（答申）.

中山芳一（2018）. 学力テストで測れない非認知能力が子どもを伸ばす　東京書籍.

Heckman, J. J.（2013）. *Giving kids a fair chance.* MIT Press.（古草秀子（訳）（2015）. 幼児教育の経

済学　東洋経済新報社）

▼第2章

石田恒好・櫻井茂男・服部環・平山祐一郎・一般財団法人応用教育研究所　教研式 認知能力検査 NINO　図書文化

海保博之（1986）．はかる　杉原一昭・海保博之（編著）事例で学ぶ教育心理学　福村出版　pp.87-111.

Kaufman, A, S., & Kaufman, N, L.（原著）日本版KABC-Ⅱ制作委員会（制作）日本版KABC-Ⅱ　丸善出版株式会社

Carroll, J.B.（1993）. *Human cognitive abilities: A survey of factor-analytic studies.* Cambridge University Press.

鈴木公基（2023）．知的能力の発達　櫻井茂男（編著）改訂版 たのしく学べる最新発達心理学——乳幼児から中学生までの心と体の育ち　図書文化　pp.47-66.

服部環（2021）．CHC理論に基づく認知能力検査　指導と評価　67(803), pp.11-14.

Baltes, P.B.（1987）. Theoretical propositions of life-span developmental psychology: On the dynamics between growth and decline. *Developmental Psychology, 23*, pp.611-626.

宮本友弘（2021）．標準学力検査——NRTとCRT　指導と評価　67(803), pp.8-10.

三好一英・服部環（2010）．海外における知能研究とCHC理論　筑波大学心理学研究　40, pp.1-7.

▼第3章
石田恒好・服部環・宮本友弘・筑波大学附属小・中学校各教科教官・一般財団法人応用教育研究所　教研式 標準学力検査NRT　図書文化.
伊藤裕子・相良順子・池田政子・川浦康至（2003）．主観的幸福感尺度の作成と信頼性・妥当性の検討　心理学研究　74(3), pp.276-281.
北尾倫彦・櫻井茂男・平山祐一郎・一般財団法人応用教育研究所　教研式標準学力検査CRT　図書文化.
黒沢奈生子（2020）．認知能力検査NINOの理解と活用　応研レポート　90, pp.2-6.
国立教育政策研究所教育課程研究センター（2019）．学習評価の在り方ハンドブック　小・中学校編.
宮本友弘（2021）．標準学力検査──NRTとCRT　指導と評価，67(803), pp.8-10.
森口祐介（2023）．10代の脳とうまくつきあう──非認知能力の大事な役割　筑摩書房．ちくまプリマー新書.

▼第4章
伊藤崇達（2012）．自己調整学習方略とメタ認知　自己調整学習研究会（編）　自己調整学習──理論と実践の新たな展開へ　北大路書房　pp.31-53.
及川千都子・西村多久磨・大内晶子・櫻井茂男（2009）．自ら学ぶ意欲と創造性の関係　筑波大学心理学研究　38, pp.73-78.

小塩真司（編著）（2021）．非認知能力――概念・測定と教育の可能性　北大路書房．

海保博之（1986）．はかる　杉原一昭・海保博之（編著）事例で学ぶ教育心理学　福村出版　pp.87-112.

Guilford, J.P., & Hoepfener, R. (1971). *The analysis of intelligence*. McGraw-Hill.

櫻井茂男（2017）．自律的な学習意欲の心理学――自ら学ぶことは、こんなに素晴らしい　誠信書房．

櫻井茂男（2019）．完璧を求める心理――自分や相手がラクになる対処法　金子書房．

櫻井茂男（2020）．学びの「エンゲージメント」――主体的に学習に取り組む態度の評価と育て方　図書文化．

櫻井茂男（2021）．無気力から立ち直る――「もうダメだ」と思っているあなたへ　金子書房．

櫻井茂男・一般財団法人応用教育研究所　教研式学びのエンゲージメントテストET　図書文化．

三宮真智子（2018）．メタ認知で〈学ぶ力〉を高める――認知心理学が解き明かす効果的学習法　北大路書房．

三宮真智子（2022）．メタ認知――あなたの頭はもっとよくなる　中央公論新社．中公新書ラクレ．

創造性心理研究会（編）（1969）．S-A創造性検査手引：A版　東京心理．

Baumeister, R.F. (2018). *Self-regulation and self-control*. Routledge.

長谷川寿一（2008）．知能　長谷川寿一・東條正城・大島尚・丹野義彦・廣中直行　はじめて出会う心理学　改訂版　有斐閣　pp.117-130.

原田知佳（2021）．自己制御・自己コントロール――目標の達成に向けて自分を律する力　小塩真司（編著）非認知能力――概念・測定と教育の可能性　北大路書房　pp.45-61.

平野真理（2021）．レジリエンス――逆境をしなやかに生き延びる力　小塩真司（編著）　非認知能力――概念・測定と教育の可能性　北大路書房　pp.225-238.

Pintrich, P. R., Smith, D. A., Garcia, T., & McKeachie, W. J.（1993）. Reliability and predictive validity of the motivated strategies for learning questionnaire（MSLQ）. *Educational and Psychological Measurement,* 53, pp.801-813.

Mischel, W.（1974）. Processes in delay of gratification. *Advances in Experimental Social Psychology,* 7, pp.249-292, Academic Press.

Mischel, W.（2014）. *The marshmallow test: Understanding self-control and how to master it.* Random House.

弓野憲一（編）（2002）．発達・学習の心理学　ナカニシヤ出版.

▼第5章

明田芳久（1994）．道徳性　古畑和孝（編）　社会心理学小辞典　有斐閣　p.177.

浅川潔司・松岡砂織（1987）．児童期の共感性に関する発達的研究　教育心理学研究　35, pp.231-240.

上野徳美・相川充（1981）．学級集団におけるジグソー学習研究の展望　広島大学教育学部紀要　(30), pp.197-203.

押谷由夫監修　教研式道徳性アセスメントＨＵＭＡＮ　図書文化.

押谷由夫・一般財団法人応用教育研究所　教研式道徳教育アセスメントＢＥＩＮＧ　図書文化.

坂本真士（2017）．社会性を育む　櫻井茂男（編）　改訂版 たのしく学べる最新教育心理学――教職に関わるすべての人に　図書文化　pp.155-175.

櫻井茂男（2020）．思いやりの力――共感と心の健康　新曜社.

中山勘次郎（2017）．授業の心理学　櫻井茂男（編）　改訂版 たのしく学べる最新教育心理学――教職に関わるすべての人に　図書文化　pp.75-95.

Piaget, J.（1932）Le jugement moral chez l'enfant, Félix Alcan.　大伴茂（訳）（1954）．児童道徳判断の発達　同文書院.

Hoffman,M.L.（1987）．The contribution of empathy to justice and moral judgement. In N. Eisenberg, &J.Strayer (Eds.), *Empathy and its development.* Cambridge University Press. pp.47-80.

Hoffman, M. L.（2000）．*Empathy and moral development: Implications for caring and justice.* Cambridge University Press.（菊池章夫・二宮克美（訳）(2001)．共感と道徳性の発達心理学――思いやりと正義とのかかわりで　川島書店.）

Lewis, M.（2000）．The emergence of human emotions. In M. Lewis, & J. M. Haviland-Jones (Eds.) , *Handbook of emotions (2nd ed.)*. The Guilford Press. pp.265-280.

▼第6章

伊藤崇達（2012）．自己調整学習方略とメタ認知　自己調整学習研究会（編）　自己調整学習——理論と実践の新たな展開へ　北大路書房　pp.31-53.

國分康孝・國分久子総編集（2004）．構成的グループエンカウンター事典　図書文化．

櫻井茂男（2020）．学びの「エンゲージメント」——主体的に学習に取り組む態度の評価と育て方　図書文化．

櫻井茂男（2021）．無気力から立ち直る——「もうダメだ」と思っているあなたへ　金子書房．

櫻井茂男（2023a）．子どもの意欲をはぐくむ　指導と評価　69（823），pp.8-11.

櫻井茂男（2023b）．意欲を測る検査　指導と評価　69（827），pp.30-31.

櫻井茂男（2023c）．学習意欲や学びのエンゲージメントを学習に活かす　指導と評価　69（828），pp.39-41.

櫻井茂男・一般財団法人応用教育研究所　教研式学びのエンゲージメントテストET　図書文化．

森口佑介（2019）．自分をコントロールする力——非認知スキルの心理学　講談社．講談社現代新書．

文部科学省（2019）．学習評価の在り方について（報告）．

櫻井茂男（さくらい・しげお）
1956年長野県生まれ。筑波大学大学院心理学研究科心理学専攻修了（教育学博士）。日本学術振興会特別研究員、奈良教育大学助教授、筑波大学人間系教授などを経て、筑波大学名誉教授。
『学習意欲の心理学』（誠信書房）、『自ら学ぶ意欲の心理学』（有斐閣）、『たのしく学べる乳幼児の心理』（共編著、福村出版）、『スタンダード発達心理学』（サイエンス社）、『完璧を求める心理』（金子書房）、『学びの「エンゲージメント」』（図書文化）など著書多数。

ウェルビーイングをデザインする
小中学生の非認知能力

二〇二四年 七 月二十日　初版第一刷発行［検印省略］
二〇二四年十一月二十日　初版第三刷発行

著　　者　櫻井茂男
発 行 人　則岡秀卓
発 行 所　株式会社　図書文化社
〒一一二―〇〇一二
東京都文京区大塚一―四―一五
電　話〇三―三九四三―二五一一
FAX〇三―三九四三―二五一九
装　　幀　野田和浩
本文デザイン　スタジオダンク
校　　正　文字工房燦光
印 刷 所　株式会社　厚徳社
製 本 所　株式会社　村上製本所

ISBN 978-4-8100-4786-8　C 3037

＊　本書で紹介した教研式教育・心理検査は、標準化の手続きを経た検査（標準検査）です。個人の性格や適性、学力などの心理的な特性を客観的・数量的に理解するための資料を提供する目的で作成されています。学校、教育委員会、教育研究所等の教育関係機関および専門家以外への販売はいたしておりません。

＊　教研式学びのエンゲージメントテストＥＴはコンピュータ端末で実施するＣＢＴ（Computer Based Testing）専用検査です。検査の実施には「図書文化　教育プラネッツ」へのお申し込みが必要です。

＊　教研式教育・心理検査の資料ご請求は、図書文化社（TEL. 03-3943-2511）にご連絡ください。

櫻井茂男の本

学びの「エンゲージメント」

――主体的に学習に取り組む態度の評価と育て方――

主体的に学ぶ子どもを育てる鍵は，学びの「エンゲージメント」にあり！　学びの「エンゲージメント」とは，「学習課題に没頭して取り組んでいる心理状態」のことです。学習意欲・動機づけ研究の第一人者が，心理学の新概念「エンゲージメント」を足掛かりに「主体的に学習に取り組む態度」についてわかりやすく解説します（四六判160頁，本体1,800円＋税，発行：図書文化）。

櫻井茂男の本

自ら学ぶ子ども

――4つの心理的欲求を生かして学習意欲をはぐくむ――

どうすれば，子どものやる気を引き出せるか？ 子どもが継続的に学習に取り組み成果を上げるには，やる気を発揮・維持させることが不可欠です。これまでのやる気研究の成果をベースに著者が作成した「自ら学ぶ意欲のプロセスモデル（欲求・動機→見通し→学習活動→振り返り→認知・感情）」を提案します（四六判 224 頁，本体 2,000 円＋税，発行：図書文化）。